W0332268

t

Venezuela
Kolumbien
Roraima
Boa Vista
Ama
Manaus
Amazonas
Pará
Acre
Peru
Rondônia
Mato Grosso
Bolivien
Go
Mato Grosso do Sul
Paraguay
Paran
Pazifischer Ozean
Argentinien
Rio Grande do Sul
Uruguay
Chu

mapa von Brasil mit der route des heroi

prólogo

A schweizer in Nepal erzählte mir mal von einem erlebnis in Brasilien: er wollte a zug nach Porto Alegre am folgenden tag um 12:30 uhr nehmen, er kaufte dás ticket, am näxten tag ging er um 12 uhr zum bahnhof und sah wie der zug gerade wegfuhr. Er ging zu a bahnangestellten und protestierte entsetzt, wieso fährt der zug a halbe stunde früher weg als im fahrplan angegeben wird? Keine bange, sagte der bahnbeamte, der zug, der gerade weggefahren is, is der zug, der gestern um 12:30 uhr hätte losfahren sollen.

Ja, die geschichte bestätigt das klischee. Nur, die brasilianische bahn hat praktisch aufgehört zu existieren, und normalerweise fährt má mit dem bus. Dabei sind die brasilianischen busse viel konfortabler als die Deutsche Bahn und pünktlich wie a schweizer uhr, falls die schweizer uhren noch pünktlich sind. Während die Deutsche Bahn ... Einmal hab ich a kleinstatistika gemacht und die pünktlichkeit von 10 zügen gemessen, die ich genommen hab: 2 waren pünktlich, 7 waren unpünktlich und einer is gar nich erschienen. Das klischee der inkompetenz der brasilianer entspricht so der wahrheit wie dás klischee des perfektionismus der deutschen – oder ihrer humorlosigkeit. Immerhin haben sie sogar a museum, das a humoristen gewidmet is, dás Valentin Musäum am Isartor in München. Das müssen die brasilianer den deutschen erstmal nachmachen!

Dieses buch beschreibt meine tramp-reise durch Brasilien, von der venezolana grenze im norden bis zur uruguaya grenze im süden. Das concept is, die fahrer, die mich mitnehmen, und sonstige interessante leute zu interviewen, die mir über den weg laufen, und so a caleidoscop brasilianischer lebensläufe zu zeichnen.

Meine bücher haben immer a linguistisches element, und in diesem fall is es die brasilianisierung: ich schreibe wörter, die im deutschen und im portugiesishen ähnlich sind, auf portugiesish. Dann sind dá noch die falshen freunde, das heisst, ich schreibe wörter, die im portugiesishen ähnlich aussehen, aber a ganz andere bedeutung haben, auf portugiesish. So schreib ich „má" für „man", „vida" für „wieder", obwohl „má" für „schlechte" und „vida" für „leben" stet.

Vom brasilianisaden deutsch wandert der text zum wunschdeutsch forte, was etwas leichter is als die brasilianisade version. Wunschdeutsch forte is wunschdeutsch mit der romanisch-beeinflussten a-i-o-u-lösung, wo das A am ende für feminin steht, das I für neutral (bei lebewesen), das O für masculin und das U für sächlich (wirklich für leblose sachen, so vil wir wissen). Also a „hunda" is a hündin, a „hundi" das tir und „hundo" a masculiner hund. Da a par artikel für das ganze systema fehlen, gebrauch ich lokal das simplifizierte systema da kaudadeutsh, wo's nur noh die determinierten artikel „die/el" und die undeterminierten artikel „a/en" giv, die zweiden opcionen nur, wenn danach a vocal commt. Kaudadeutsh is en internacionaliset un multiculti deutsh, dat brasilis betta capie cann. Dann wandert der text zum normalen wunschdeutsch, er wird also etwas „lesbarer": ich hab 20.000 zuschauer in showlesungen über orthografie-änderungen abstimmen lassen und so a basisdemokratisches deutsch kreiert. Danach wird der text fast wie schwerdeutsch, bevor er wider in die brasilianisierung eintaucht und alles wida von vorne losgeht. Das ganze passiert fliszend, in wellen, und von wellen versteen die brasilianer was, so eine lange küste mit so vielen stränden gibts ja nur in disem land.

Dá ausländer brasilenische namen meistens falsh prononciaren, schreib ich die prononcierung gleich nach jedem eigennamen. Da ich kein IPA-alfabet auf meiner tastatur há, wie má sie in diktionaren sieht, verwend ich SAMPA. Dieser code is ähnlich wie dás IPA-alfabet, mit der diferença, dás man ihn mit a normalen computer-tastatur schreiben kann. In diesem fall is es wichtig zu wissen, was andas is als dás, was man erwartet oder was má nich kennt:

/@/ schwa, vogal de indiferença, wi dás E en „vogel" oder „machen". Im portugiesishen is es meistens betont

/e/ geschlossenes E wi en „beet"

/E/ offenes E wi en „fell"

/N/ das „ng" wi es im süddeutschen prononciad wird, also „ring" ohne G (oder K) am ende

/o/ geschlossenes O wi en „logo"

/O/ offenes O wi en „kopf"

/s/ scharfes S wi en „essen"

/S/ sch

/v/ wi en „villa"

/z/ wi S en „rose"

/Z/ wi J en „journalist", wenn schön francesish prononciad, also weiches „sch"

/'/ der apostrof wird vor der betonten silaba gestellt, es sei denn, die erste silaba is betont

Ich hoffe, dás der leser was neues erfährt über dieses fascinirende land, dás er sich vergnügt und es bis zum ende des buches schafft, ohne dás ihm dabei schwindelig wird. Für den wahrheitsgehalt der geschichten kann ich nich garantiren, die entreviwten waren brasileiner.

Aus diversen gründen war die platzirung de fotos leida nich möglich. Die leser aba, die sich dafür interessaren, können die site http://www.zedorock.net/fotos.html besuchen. Es wär für mich ein trost, wenn nich nur die NSA die fotos anschaut.

territorio de Chavez

Der billigste flug nach Caracas und zurück aus Südbrasilien geht über Atlanta oder Houston, da bin ich aber über 50 stunden unterwegs. Also zahl ich doch etwas mehr und fliege mit Lufthansa direkt hin. Meine angst vorm fliegen is etwas abgeflaut, ich bin nach a traumatischen flug durch a stürmische nacht mit einer in Europa wegen sicherheitsmängeln verbotenen aerlinea de Guinea Ecuatorial nach Cameroun abgehärtet. Und bei Lufthansa is sie inzwischen so wenig, dás ich sogar a bisschen schlafen kann. Ich belächel meistens den sicherheitsfimmel der deutschen, beim fliegen bin ich aba heilfroh, dás ich mit dieser aerlinea unterwegs bin. Ganz abgesehen vom guten service. Hallo, Lufthansa, ihr kennt ja die nummer von meinem conta.

Am airport von Caracas verlass ich die sicherheitszone und werd diskret von einem airport-angestellten gefragt, ob ich a dreimal besseren kurs für mein geld will – ich wusste gar nich, dass es noch irgendwo schwarzmarkt auf der welt gibt. Auf der autobahn-fahrt nach Caracas rammt der bus, in dem ich mich befinde, a motorrad, und die autobahn bleibt a halbe stunde gesperrt. Venezuela war schon reich, jetz is es eer so-lala. Man kann nirgends rauchen, alkohol is an vilen stellen verboten – das war die erste amtshandlung von Chavez, als er an die macht kam. Genützt hat es ihm nich viel.

Ich nehm a buss zur grenze, werd sieben mal controlat, 3 mal mit gepäckdurchsuchung. 24 stunden später erreich ich Santa Elena an der grenze. Manche venezolaner haben a gute meinung von den brasilianern, manche weniger. Beim frühstück in a bar sitz ich neben a fünfziger, fang a conversacion mit ihm an, nach ein oder zwei minuten merk ich a kleinigkeit en seiner sprache, die ihn als brasilianer verrät – brasilianer lernen alles, nur nich a clares A vor M oder N zu pronunciaren, dás is dán dunkel und nasalisat wie dás francés „en" im wort „rien“. Er is seit 25 jahren hier, und ich frag ihn, ob die venezolaner die brasilianer mögen. Er meint, die venezolaner mögen niemanden, erst recht nich andere latinamericaner.

Gute erfarungen hab ich in meinen vergangenen reisen durch dieces land nich gemacht, und ich wurde schon verhaftet, weil imigración und policei andere vorstellungen haben von dem, was richtig is, und dem, was nichtig is. Das beste im land is die Gran Sabana, a region mit eigenartigen bergen und dem höchsten wasserfall der welt. Dás is für mich eines der echten weltwunder.

Apropos fünfziger, ich gebrauch wörter wie fünfziger, zwanziger, dreissiger nich nur für monedas, sondan auch für personas, je nachdem wie alt sie sin. Im deutschen kann man „mittfünfziger“, „endfünfziger“ gebrauchen, aba kein „anfangfünfziger“ un auch kein fünfziger, in so a fall. Das behindert einen, also tu ich es trotzdem. Das heisst, bei der sentenza „Der fünfziger sprach mich an“ sollte der leser wissen, dás es sich um a persona handelt un nich um a geldschein. Die halbstarken heissen dann zener un die kleinen heissen nuller, man darf aber auch „kind“ zu ihnen sagen.

En dicem land muss man eh gut aufpassen: a freundin, die vil holz vor der hütte hat, erzählte, dás ihre locale freunde si immer „die teutonin“ nannten, „la tetona“. Ich fragte, wi genau sagten si, „teutona“ oder „tetona“? „Tetona.“ Ich musste si aufklären, dás „teutona“ die teutonin is, während „tetona“ für a groszen busen steht.

An der grenze werd ich gefilzt, man findet kein gold, keine drogas, un weil der soldad nich zufrieden is mit der dünnen ausbeute, muss ich noch hose un unterhose ausziehen. Dabei is Venezuela jetz vollmitglied des Mercosur (bras. Mercosul), sozusagen die EU de Südamerica, dá sollte freier waren- un persona-verkehr herrschen.

wie Paris, aber nich ganz
Roraima

Die brasileina seite há keine controlen, man is in null komma nix drin. Ja, und nu geht es los, ich muss trampen und leute entreviwen. Ich lauf auf da landstrada en da bewölkten schwüle, keiner hält, und als nach stunden endlich jemand hält, is es die venezolana Carmen. Die brasileiner sollten sich schämen.

Ich such a hotel en Boa Vista, da capital des bundes-stades Roraima, und comme zum Hotel Colonial, scheinbar dás billigste en da stadt – nich einmal 30 euro. Ich müsste erstmal im internet prüfen, ob mich keiner von Couchsurfing eingeladen hat, dem internacionalen netz für gegenseitige besuche. Ich bitte, mal curz ins internet zu gehen, bevor ich dás zimmer nehm. Die wirtin is categorisch en der antwort: nein. So muss ich a lan-house, ein internet-café, suchen, und dá keiner sich gemeldet hat, ein anderes, teureres hotel finden, was dann stunden dauert. A mau geschäft für mich und für die wirtin vom Colonial, aba wenn se so blöd is. Dás is die famosa flexibilidade brasileina.

Im hotel schau ich mich im spiegel an, meine gesichtsröte von der sonne, die nich geschienen hat, is nich zu überbieten. Verglichen mit mir is ein inglender auf Mallorca zartrosa. A richtiger tourist im eigenen land. Und wenigstens hab ich a gutes brasileinishes frühstück, mit säften aus frutas amazôniscas, z.b. cupuaçu und acerola (a wahre bomba de vitamina C), diversas quiches, omelete, pao de queijo (a brötchen aus keseteig) und müsli.

Boa Vista, die capital des bundesstades Roraima, wurde en den 40er jahren geplant und gebaut, nach dem vorbild de Paris, aba ganz wi Paris sieht die stadt nich aus, auch wenn se viele breite alleen há. Se war noch vor wenigen jahrzehnten a dorf, jetz is se so grosz wi Karlsruhe.

Viele indio-gesichter hier – wenn ich sie en São Paulo (/s@uN paul(u)/ oder /s@m p@ul(u)/) gesehen hätte, würd ich denken, die leute sind aus Paraguay oder Bolivia. Ach so ja, en manchen ländern Südamericas is dás wort „indio" auch nich mehr politisch correct, má sagt „original". Also sieht má hier viele originalgesichter.

Comisc, ich bin em meinem land, aber ich kann dás alles hier nich richtig meine heimat nennen. Es is Brasilien, und die leute sprechen portugiesis, aber erstens wohn ich schon so lange nich mehr im land, und bis zu meiner heimatstadt braucht man eine woche mit dem bus. Es is schon a bisschen a andré welt hier, ein anderes Brasilien.

Ich mach mich auf den weg nach Manaus. Dás trampen gestaltet sich wida difícil, keiner hält. Es is auch wochenende, und em den meisten autos sitzen ganze famílias drin. Als ich nich mehr glaube, dás ich wegkomm, hält ein LKW. Der fahrer erzählt mir seine geschichte, wenn auch etwas ungern: mein erster brasileiner entreviw-partner is a schweigsamer typ, dás geht gut los.

Heissen tut er Eugbergh de Oliveira. Er is a dreissiger, há weisse gesichtszüge, is aba ziemlich dunkel. Geboren wurde er im hinterland vom stado Maranhão (/mar@'ñ@uN/), der früher der zweitärmste stad war und nu der ärmste. Sein grossvater hatte 37 kinder von 3 diversas frauen und dann noch a par von einigen affären. Er hatte a grundstück, wo manjok und reis angebaut wurde, also hungerte keiner, ansonsten war alles ziemlich karg und mühsam: fleisch gab es nie und má musste 10 kilômetros laufen, um wasser zu holen.

Von da verwandschaft kann er nur von einem onkel berichten, der sich mit a deutlich jüngeren frau verbandelte. Den packte irgendwann die neugier und er wollte wissen, wer die eltern der frau waren – se wusste es auch nich so exact. Durch fiel fragen und combinar kamen se zum schluss, dás se seine tochter war. Er wollte sich von ihr separar, se meinte aba, nu sind se schon so lange zusammen, was solls, und so blieben se zusammen.

Als Eugbergh 8 jahre alt war, zog die ganze família zum stado Mato Grosso. Mit 10 fing er an zu arbeiten, er verkaufte speiseeis auf der strada. Se waren jedenfalls nich mer so arm, se hatten a richtiges haus und immer fleisch zum essen. Irgendwann gab es em da região kein gold mehr und se zogen nach Ariquemes, em Rondônia.

Im alta von 16 jahren fing er a lehre als schreiner an, und alle seine brüder machten mit, dás war bei ihnen immer so wi bei den lemmingen. Irgendwann später is a bruder LKW-fahrer geworden, und alle brüder sind ihm gefolgt – a ser zusammenhaltende família. Musste auch so sein, se sind alle evangelicale.

Momentan sondaren sein papai und er die möglichkeiten, mit da ganzen família nach Roraima zu übersiedeln, und fahren hier LKW. Der grosze vorteil de Roraima is die sicherheit: dá passiert kaum was, während em Ariquemes alle par tage jemand ermordet wird.

der gato Picasso
Amazonas

Amazonas is der gröszte stado des landes, zweianhalb mal so grosz wi die Ucrânia, dás zweitgröszte land Europas, aba doch etwas kleiner als dás gröszte land, Russia.

Eugbergh hatte gesagt, er verdient um die 3.000 real, was nach dem jetzigen curs 1.100 euro entspricht. Wenn man zur oberen mittelschicht in São Paulo gehört, is das vileicht sogar weniger wert als in Deutschland. Wenn man aber zur unteren mittelschicht in a städtchen in Rondônia gehört, kann das auch 50 % mer bedeuten, also 1.600 oder 1.700 euro. So a gehalt is nich fiel im vergleich zu Alemanha, aba fiel in den meisten ländern da welt – em vielen ländern verdient má nich einmal 20 euro im monat.

Em Manaus come ich um 5 uhr em da früh an. Ich warte bis es hell is, fahr zu a hostel, will aba vorher meine e-mails checar, die wirtin complimenta mich freundlich aba decidida raus. Alles is sonst noch zu, ich setz mich em a strada-café und rede mit a typo über die isolação da stadt. A zwei-milioes-stadt, die nur a strada-verbindung mit dem ausland hat, aba keine mit dem eigenen land. Es gab a asfaltada strada nach Porto Velho, von wo aus má den resto do Brasil erreichen kann, doch se verschwand unter dem wasser und wurde vom jungel verschlungen. Angeblich vil má die strada wegen ecológicos bedenken nich renovar, es is aber offensichtlich so, dás die reeder, die die fähren de Manaus nach Porto Velho betreiben, auch an den hebeln da política sitzen und es immer schaffen, die renovação zu stoppen. Diese strada kreuzt auf halber strecke die Transamazônica, die berühmteste halbfertige strada da welt. Die militares voltem em den 70er jahren Brasil mit dem Pacífico verbinden und diese strada do Recife (/re'sif(i)/) im nordeste bis zur peruana grenze bauen, und Peru solte den resto machen. Peru war aba nich wirklich interessado, má traut den brasileiros nich so richtig, se zeigen schon ohnehin immer vida tendências imperialistas. Und so hört die strada im dorf Lábrea auf, mitten im nix. Die strecke im nordeste is längst asfaltada, die im norden nich, und em da regenzeit is dás schlammmeer teilweise unpassirbar. Die regierung há nu mit der asfaltirung angefangen, dás wird aba noch etwas dauern, vor allem is die resistência von den eco-bewegungen grosz – asfaltirung bringt civilisação, umweltzerstörung und dás ende das culturas indígenas.

Jemand empfiehlt mir, em den parque nebenan zu gehen, da gibts freies internet. Und tatsächlich há mir a Cris Marks zugesagt, ich kann vorbeicomem. Se gibt adresse und número de telefone, leider geht mein handy mit dem brasileiro chip immer noch nich, em da telefonzelle brauch ich a cartao telefônico, die ich nich hab. Da vorne kommt ein ônibus, der zum viertel Petrópolis fährt, wo se wohnt, und ich steig kurzentschlossen ein.

Petrópolis is untere classe média. Ich gurke 10 minutos rum, bis ich die adresse finde, komm an fast ein dutzia kirchen vorbei, alle evangelicas. Oft stehen se nebeneinander, manchmal nur durch 2 oder 3 häuser getrennt. Jede mit einem anderen nome: dá sind die groszen americanas vi die adventistas em diversas versões, die Assembléia de Deus (Gottesversammlung) em diversas versões, die groszen brasileiras vi die Universelle Kirche vom Reich Gottes, die Weltkirche der Macht Gottes, dá sind auch die Kirche vom Wort des Lebens, Kirche von Gott im Christus, Kirche von Gott im Brasil, Kirche Gott ist Liebe, die Verbleibende Dualistische Kirche der Erstgeborenen, Kirche des Viereckigen Evangeliums, Deuteropentecostalismus, Evangelische Pfingstkirche Die Letzte Trompete, Bewegung des Überlegenen Lebens, Wiederbelebung der Azusa-Strasse, die Wahre Jesus-Kirche, Schneeball-Kirche, um nur à par wenige zu nennen. Der fantasia sind keine grenzen gesetzt. Für arbeitslose predigis is dás land a paraíso. Die zal da confissões geht vermutlich em die hunderte. Es gibt sogar católicas kirchen, die auf evangelical machen, haleluja und praise the lord singen, um die verluste da católica kirche zu stoppen. Má sieht sogar manchmal schilder vi „Garagen an kirchen zu vermieten". Die garages sind nich als garages für die kirchen gedacht, sondern als kirche selbst. Nich jeder kirchengründer há gleich dás geld für a catredal.

Diese sectas verbieten vor allem zwei actividades, rauchen und trinken, so vi die EU. Manche sind consequenter und verbieten auch café, fleisch, etc. So weit geht die EU nich, kommt aba vielleicht noch. Richtig consequente zu sein und softdrinks (dás sind fábricas de gift em miniatura), milch (verursacht krebs), açúcar (diabete und krebs), salz (hoher blutdruck), pfeffer (zerstörung da darmflora), fleisch (herz), eier (herz, allgemeine vergiftungen wegen arsênio, schwefel und salmonelas), automobile (krebs und überfahrgefahr), flugzeuge (krebs und bei abstürzen gefahr für unbeteiligte passivflieger), stühle (darmkrebs), BH's (brustkrebs) etc zu verbieten, tut dann doch keine secta. Der vorteil is, dás se als gläubige keine bancos überfallen und leut ermorden, oder wenigstens nich so oft. Übrigens, die ganz grosze unter den evangelicais kirchen is die Igreja Universal do Reino de Deus, Universelle Kirche vom Reich Gottes, von Bispo (Bischof) Macedo. Se há TV-sender em Brasil und em einigen anderen ländern, miliões anhänger em América Latina, USA und África. Má sagt, Gott is der weg, Bispo Macedo is die maut.

Nu wurde ein evangelical pastor zum vorsitzenden da Menschenrechtscomission im Congresso gewählt. Er findet, gays sind degenerados und negros stammen von am sohn Noahs ab, der von diesem verflucht wurde. Danach versuchte er die wogen zu glätten, indem er sagte, nich alles em Africa is so schlimm, weil dá ao weissis leben. Dás vá kein meisterwerk da wogenglättung.

Das haus ha keine klingel, ich klatsche mit den händen, keiner macht auf. Ich komm a halbe stunde später, vida nix, ich nehm mit dem letzten geld ein ônibus em die stadt. Im ônibus fängt a dicker negro (oder sagen wir mal a gewichts- und farbmäszig herausgeforderter mensch) an zu predigen, dann vil er CDs verkaufen. Em da stadt find ich a pensão. Da treff ich a croata althippi, der viele jahre em Brasil lebt und viel zu erzählen ha, er kennt Brasil offenbar fiel besser als ich, er is einverstanden, ein interviw zu geben, nur nich gleich, und später sen wir uns nich mehr. Cris ruft an und entschuldigt sich tausendmal, se va weg und die anderen im haus haben nix gehört.

Am näxten morgen is Cris zuhause. Se is a schöne, zarte studante de biologia. A braungebräunte weisse, vär aba vermutlich blass ohne die brasileira sonne. Das haus is a república, das heisst a res publica, eine gemeinsame sache, a WG. Alle 4 bewohner des hauses studam im internacionalmente famos INPA, Instituto Nacional de Pesquisas (Forschungen) Amazônicas. Vor curto hatten die dort a kleinen scandalo, es wurde im areal des instituts a discreta plantação de cannabis entdeckt. Dás war sicher nich im sinne des erfinders.

Cris hat alemaes, italianos, portugueses und vielleicht auch indios vorfahren. Der papai va handelsreisender und verkaufte pijamas, die mamae va krankenschwesta. Cris is em Ijuí em Rio Grande do Sul geboren. Rio Grande do Sul is der südlichste stado, da wohnen die gaúchos (/gaúshus/) und die haben a par ähnlichkeiten mit Bayern und Texas, vor allem die „mirsan-mir"-mentalidäde. Se haben auch schon a langen unabhängigkeitskrieg geführt, und vor einiger zeit gab es sogar a Pampa-Partei, die die unabhängigkeit des südens volte. Se haben ebenfalls ein etwas behäbigen dialecto, vi die bavaros. Andas als die bavaros gehen se gern em die weite welt hinaus, das heisst em andré teile do Brasil, weil bei ihnen kein platz mehr is, und da gründen se CTGs, Centro de Tradições Gaúchas, vou se fleisch em rauhen mengen essen, mate-tee trinken und dänças folclóricas vorführen – die könnten übrigens irgendwo em Hungria oder Rumänia sein.

Cris' eltern waren adventistas, also tranken se z.b. kein café. Em ihrer kindheit hatte se fiel freiheit, se stellte mit den jungs vieles an und wurde oft für a jungen gehalten. Mit 19 sprach se mit ihrer schwester zum ersten mal über religião, und gab zu, se versucht zu glauben, zweifelt aber oft und hat immer a schlechtes gewissen. Die schwesta erzählte: nachdem se erfahren hatte, das es kein weihnachtsmann gibt, fragte se sich, ob das mit Gott nich dasselbe is. Naja, richtig dasselbe is das nich, den weihnachtsmann sieht man ab und zu em da fuszgängerzone, Gott sieht ma nie. Und sou va Cris bald frei von da last des adventista-daseins und wurde zur ateista.

Se trampte im umland und dann durch Brasil, zog dann nach Santa Maria, a stadt die vor curto wegen dem brand em a discotek em die internacionais schlagzeilen gerit. Manchmal trampte se ao mit amigos. Einmal va se em Rio mit eim amigo unten am strand und zündeten sich a cigarro special an. Directamente über se am gehsteig rauchten aber ao nó zwei, und se wurden von der polícia aufgegriffen. Die polícia vermutete, das die zwei unten ao mit ihnen waren und kamen runter. Cris und ir freund hatten açúcar und te, den açúcar versteckten se hinter a stein, den tee begruben se, die policiais sahen es noch und gruben ihn vida aus. Alle wurden zum revier gebracht, der policial drohte lang mit vielem ärger und anzeige, se voltem oder konnten ihn nich schmieren. Irgendwann gab er auf und schickte se weg, ein anderer policial brachte se vida zum strand und meinte, die beide waren richtig dof – die polícia kommt ja immer um 8 abends, se hätten em aller ru um 7 oder um 6 vás rauchen können, wieso mussten se ausgerechnet um 8 rauchen, vou die policiais ihre runden drehen? Der policial lisz se raus, und se mussten rapido hinrennen, die flut kam grad – noch a par minutes und die wellen hätten das wertvolle päckchen mit dem açúcar mitgenommen.

Vor 2 jahren zog Cris nach Manaus, vou se im INPA studiert. Wohnen tut se mit Camila aus Santa Maria, Danielle aus Barcelona und Joaquin aus Zaragoza. Dazu kommen öfters gastis via Couchsurfing, grad is a colombiano pärchen angekommen, die musik und acrobatica machen.

Drei katzen wohnen ao noch im haus: Mucura, Tonight und Picasso. Mucura heisst em português amazoniano „stinktir". Vie man auf die idee kommt, a katze „stinktier" zu nennen, vais ich ao nich. Se erzählt jedenfalls, das se ein einziges mal verfolgt wurde, und zwar von a stinktir. Den grund widerum, warum Picasso sou heisst, vais ich: se sah sich mit einer amiga a film im TV mit Johnny Depp an, em dem diser a festa schmeisst und die risensculptur eines fallus presenta. A wort im português brasileiro für „schwanz" is „pica", und a groszen schwanz kann man auch a „picasso" nennen. Se fanden es lustig und nannten sou die katze, die grade vorbeikam.

Cris und Camila trinken schwarzen café ohne açúcar. Sou vas machen nur alemaes und südbrasilianer. Wärend Cris a leichten corpo und a leichte sele ha, ha Camila etwas mer fleisch und is geerdeter. Se hat indio und alemao blut, unter andrem. Der papai is doctor, den ha se erst kennengelernt, als se 23 jahre alt va. Se va a betriebsunfall: der papai va 17, die mamae 21, se waren nur curto zusammen. Se is em Santa Maria geboren und aufgewaxen. Als se 8 va, bekam se a stifvater. Damals va die mamae 29, der stifvater 15. Claro va das nich der grosse hit bei da familie, aba mit der zeit gewönte ma sich dran. Die widerstände värem fil gröszer, wenn er 29 vär und se 15. Ausserdem is der bua ja mit der zeit gröszer geworden.

Die familie gehört zu den „espíritas", a zimlich eigenartigen religiao. Angeblich is es a mix de religiao, filosofie und wissenschaft, mir scheint es a mix de cristianismo und buddhismo. Ma glaubt an Gott, an Jesus, andrerseits glaubt ma nich an himmel und hölle, sondam vie die buddhistis an reincarnaciões, die ma durchmacht, um die perfecciao zu erreichen. Und vie bei den buddhistis felt das messianiche das religiões cristã und islamice, ma schickt keine missionis im die weite welt, um die neue heilslere zu verkünden und die welt zu beglücken. Man is aoch tolerant gegenüber andren religiões bzw filosofies. Und ma spricht über a medium mit den totis. Espíritas sen sich als cristaos, die católicos und protestantes sen das nich so – die católica kirche verbot sogar den besuch von espírita-versammlungen. Gegründet wurde die religiao mitte des 19. jarhunderts vom francês Allan Kardec, im France leben nur 17.000 anhänger, im Brasil quasi 4 miliões. A propósito, die espíritas haben proporcionalmente die meisten hochschulabschlüsse. Klingt vie a vernünftige religiao, das ha Camila trotzdem nich davon abgehalten, religionsfrei zu werden. Sie hatte aba keine financiere gründe, im gegensatz zu einer andren brasileira, die in Alemanha lebte und die ich mal nach der religiao gefragt hab. Die erzälte, „Früher war ich catolica, né, aba dann bin ich nach Alemanha gekommen, und hir muss ma dafür ZALEN! Und so bin ich momentan religionslos."

Das interviu solte weiter gehen, aba das kraut, das Cris mir da angeboten hat, vá ziemlich stark. Mindestens 25 studos universitários, da Harvard inclusive, haben die efectividade der planta contra krebs bewiesen, weshalb die indústria farmacêutica und somit auch die gesundheitsbehörden se mit aller macht bekämpfen – die anerkennung würd a verlust von hunderten milliarden dollar pro jahr für die indústria farmacêutica bedeuten – leider is das kraut nix für die concentração, und statt Camila auszufragen, hab ich se und die anderen mitbewohner vollgelabert. Später laden uns noch die studante

Raissa do stado Minas Gerais im sudosten und der langhaarige comic-zeichner Adriano de São Paulo zu sich ein – ma springt über die mauer, is dann em a fremden garten, klettert a hohe leiter über a andere mauer, und schon is ma bei ihnen. Ma bekommt schon vida die krebs-profilaxe, und se fragen mich, vas man über Wilhelm Reich em Europa denkt. Ich kann nur sagen, ma spricht nich fiel über Reich em Europa, ausser vielleicht em manchen academiscos kreisen. Ma spricht über steuer, arbeit, vi ma sich gerade fühlt, ver em der bundesliga gewonnen hat, aba sicher nich über Reich.

Falls du nich weisst, ver Wilhelm Reich va, und weder laptop noch smartphone im da nähe sind: der mann war einer da pioniris da psicologie, und sein werk hatte fil mit sex und politica zu tun. Da würd ich aoch mitmachen, wobei ich mich nich so stark auf die politica concentrire würde.

Manaus is freihandelszone, weshalb sich hir fil indústrie angesidelt ha, vor allem electrônich. Der norte, also Amazônia, is von den 5 groszen regiões brasileiras die zweitärmste, nach dem nordeste. Die infrastructur is aber im norte am schwächsten – die região is quasi sou grosz vie die gesamte EU und ha weniger einwonis als Nederland. Dafür gibt es und gab es im norte nie hungersnöte – get practicamente gar nich, hir wäxt ja alles, fischen kann man überall und vie haben sie aoch genug. Die meisten einwonis sind mesticis, aber im gegensatz zu andren regiões, vou die meisten mesticis von weissis und negris abstammen, sind die mesticis hir caboclos, also a mix aus weissi und indio. Vile entflon dem kargen leben im sertao nordestino, dem armen hinterland im nordosten, und es is gut möglich, das heutzutag im norte mer leut aus dem nordeste leben als leuti vom norte selbst. Dann comem noch leut aus dem süden, die von iren firmas hergeschickt werden und hängen bleiben, oder siedler, die Müller oder Meyer heissen.

Das wetter is immer heiss und feucht, wobei die beste zeit der winter is, der eigentlich im sommer stattfindet, zwischen dezembro und março. Es is die regenzeit, und die is etwas frischer weil die ganze zeit a gigante wolkenklumpen über die regiao hängt. Vormittags is meistens trocken, am frühen nachmittag get es zimlich regularmente los mit a platzregen, den resto des tages tröpfelt es, niselt es, regnet es oder schüttet es kübelweis. So is das wetter oft lästig, trotzdem angeneem.

Ich far zum hafen, lass mein coffer im meine cabine im bot, ge noch a par chosen im centro besorgen. Brasil is für mich a zimlich ärgerliches land geworden, ich werd nu im den läden dauernd gesiezt. Im Brasil is generalmente das „arbeits-pronome", also das alltägliche pronome das „você" (/vo'se/ oder einfach /se/), vas man als „du" übersetzen könnte. Das wort für „Sie" is „O Senhor" (/u sjor/ wenn man es langsam sagt, sonst einfach /sjo/), und es ha nix mit distancia zu tun, es wird nur für deutlich ältere leut oder chefis als zeichen de respecto gebraucht, es heisst ja aoch „der herr". Da die leuti nich denken können, das ich a chefo bin, is es wegen meinem alta. Das ich alt bin, vais ich, aba muss ma das mit jedem pronome kundtun, kann ma mich nich sprachlich vie die andren behandeln? Das pronome wird nur einseitig gebraucht, das heisst, der ältere (oder chefi) siezt nich zurück. Dazu kommt, das ich südbrasilianisches alemao gelernt oder zumindest mitgekriegt hab. Ich bin zwar de lituana, russa und alemã abstammung (die alemaes sind aus Lodz), im Südbrasil is aba nur die alemã cultur übriggebliben, sozusagen die leitcultur ... und das simplificad und ser durchmischte alemao brasileiro kennt nur das „du". Wenn du a südbrasilianer, der „deutsch" kann, fragst, „Wo kommen Sie her?", fragt er zurück, von welchen leuti du sprichst. „Ver, sie?" Nu ja, wenn abzuseen is, das ich die leut öfter sen verde, sag ich inen so vas vie: „Bitte, ich vais, ich bin steinalt, ich bin trotzdem kein herr." Da lachen sie und siezen mich nich mer. Manchi ham da andre anreden, vie „querido" (liber), „jovem" (junger mann) oder „amigo". Ich vais, das das aoch nich grade stimmt, trotzdem find ich es fil freundlicher.

Manaus war ende des 19. jarhunderts mit dem monopólio des kautschuk angeblich die reichste stadt da welt. In da zeit wurde die ópera gebaut, die wichtigste seenswürdigkeit. Die englesis aba stalen samen do Amazonas, pflantaram das zeug in Malaysia, und aus vas mit dem monopólio und dem reichtum de Manaus. Die stadt zerfil, und erst presidente Juscelino Kubitschek declarou 1957 die stadt zur freihandelszone, und so blüte Manaus wider auf – wenigstens die geschäfte.

Rauchen darf man in den localen nich, es is nur nich so schlimm, weil ma draussen rauchen kann, im gegensatz zu São Paulo und manchen staden im süden, vou's aoch draussen in den cafees verboten is. Die antismaukis unda die lesis verde sagen, „Vas reclamie er, er schadet el andris!" Ich kann nur sagen: ich wollte wissen, ob ich wirklich el andris schade, hab ein jar lang recherchiert und festgestellt das 20 studus die correlacion von passivrauchen und lungenkrebs statisticamente significante bestätigten, 119 konnten es nich. Das es trotzdem heute als heilige warheit gilt, verdanken wir der farmaindustrie und den gesundheitsorganisacionen, die von ir gefüttert verden. Man erwänt liber keine zalen oder nur die zalen, die die eigene warheit bestätigen. Die farmaindustrie möchte das nicotin-monopol (beruhigungspillen, rauchstopphelfen) und schafft es aoch allmälich – bezeichnend is, das die gesetze nie gegen das nicotin sind, sondan gegen das rauchen. Ver mer wissen vill, kann mein buch „jede sekunde stirbt ein nichtraucher" lesen oder meine seite www.zedorock.net/smauki.html besuchen. Clar, die meistis wollen von keinen zalen oder argumenten wissen, die disem „weltwissen" widersprechen – der mensch bewegt sich nich nur mit der herde – aoch wenn es richtung schlachthof get – sondan er denkt aoch mit da herd. Das weltwissen hat aba schon jartausendelang leut als verrückt abgestempelt, die meinten, die welt is eine kugel, es hat uns tausende von krigen beschert und die sicherheit, das Lehman Brothers ein bombengeschäft is. Jedenfalls bin ich bereit, mit jedi darüber zu reden, das einzige, das für mich keine gültigkeit hat, is dises „weltwissen", dises „das weiss doch jeder!"

Ich komme zurück zum hafen und das bot is wek. Vie, wek? Die abfart is um 12, nu is noch 20 vor 12? Naja, es is trotzdeem wek. Ich krige die crise, frage rum, bis mir eino informiert, es ha woanders am hafen curt geparkt, und er schlägt mir vor, ein taxibot zu nemen, ich spring schnell in ein motorbot und verde hingefaren, muss auf den cai klettern, rutsch an a stoszdämpfer-reifen aus, häng am reifen und fall fast ins wasser. Aber ich erwische noch mein bot, schweissgebadet.

Meine cabine ha zwei betten, ich teile sie mit Nego, eim simpatichen fünfzigo aus dem süden, er kommt aus einer stadt, die 100 km (vas in Brasil practisch nebenan is) vom geburtsort meiner mam entfernt liegt. Er spricht vie mein eltis, den accent des südbrasilianischen inlands: E's werden als „e" pronunciedos, o's werden als „o" pronunciedos, sou vas gibts nur dort. Ein wort vie „leite" (milch) spricht der normale brasileiro als „lejtsch" aus, die im süden sagen dazu „lejte".

Seine vorfaris kamen da Italia und waren weinbauris in Brasil. Sein groszvater väterlicherseits trank und rauchte fil, gestorben is er mit 96, er erlosch langsam vie a kerze, vie Nego es beschreibt. Da immer vider in disem text die rede sein wird von groszvato müttalicherseits, tante vatolicherseits, etc, dacht ich, ich verwende das suerigishe (schwedische) sisteem, um zeit und platz zu sparen. In Suerige heisst der papo „far", die mama „mor", der brudo „bror", die schwesta „syster". Also is eine groszmutta müttalicherseits eine „mormor" (muttermutter), eine tanta vatolicherseits a „faster" (far-ster), etc. Daher werd ich ein groszvato vatolicherseits ein „papapo" nennen (pa-papo, vaters vater), die groszmutter müttalicherseits is die „mamama". Die schwester wird zur schwesta, der bruder is ja masculin und wird zum brudo, eine tanta vatolicherseits is eine „pasta", ein onclo müttalicherseits ein mado, etc. Die schwesta vom papo, die noch ein zan hat, is dann eine zanpasta. Die schwesta meiner frau, Maria, is meine frausta, ir mann Helmut is mein fraustamann, der son Niko is dann der fraustason und seine frau meine fraustasofrau. Wenn nach einer genus-endung kein consonant kommt, kann ma's weklassen, falls der sinn klar is: die mam und der pap.

Der papo fing sein berufsleben im bauernhof vo sein pap an, später zog er in die stadt. Er arbeitete in einer schreinerei und kaufte sie später auf. Die mama var lera in der schul und dichta, sie verkaufte gedichte für libespare und firma-feier. Die papo trank und rauchte fil, vie die papapo. Er starb an kelkopfkrebs, die nichtrauchende mam an darmkrebs. Oder um genauer zu sein, als absebar var, das sie nur noch an aparaten hängen würde, schrib sie ir testament und erhängte sich anschliszend, ein virtelstunde vor dem besuch der krankischwesta. Sie var ser organizierd.

El eltis hatten 8 kindis, 4 jungos und 4 mädas. Sie hiszen Edelir, Elonir, Evanir, Edir, Edair, Elzir, Eliane und Elisete. Die Edair heiratete übrigens später ein mann namens Aldoir. Die geburt von Evanir var ser leicht für die mam. Vie sie es formulierte, er wurde nich geboren, er flüchtete. Er scheint nach den wenigen verblibenen haren blond gewesen zu sein, er hatte aber ein etwas dunklere haut als seine zwei ältere brudos, weshalb man ihn „Neguinho" nannte – Negerlein. Diser spitzname war übrigens sein glück, da der Edelir zum Eddie wurde und der Eloir zum Elo, also wenn er nich Neguinho vär, müsste man ihn Eva nennen.

Die familienmitglider waren practicirende catolikis und hilten ser zusammen. Neguinho hatte eine gesunde kindiheit, ma schwamm im weier, machte mit der schleuder jagd auf vogelis und vögelte kalbis – curt, eine glückliche kindiheit auf dem lande. Vas Neguinho nich mochte, var fussball.

Alle brudos fingen in der schreinerei an, die zu eim grószeren betrib gewaxen var. Neguinho var mit 14 für die stulabteilu verantwortlich. Der ältere brudo ging studiren. Als er mal bei der schreinerei aushelfen und eine holzliferu prüfen sollte, wusste er nich, vas er machen sollte, und der papo fragte ihn, „Studierst du, um zum depp zu verden?" Daraufhin gab er das studium auf, trotz apellus der eltis und der hochschulfunccionaris.

Mit 15 hatte Nego die erste freunda, bald darauf noch eina. Die eina war pechschwarz, und als der pap ihn mit der schwarza händchenhaltend vor eim kino sa, schimpfte er nich, sondern war mächtig stolz, das sein son eine schwarza als freunda hatte.

Als er erwaxen wurde, wehrte er sich gegen die bezeichnu „Neguinho“: er war ja nich mer klein, da konnte man ihn schon „Nego“ nennen, one das diminutiv. Er studierte am ende weder kunst noch matematik, wie er ursprünglich geplant hatte, sondern filosofie und dann teologie. So wurde er zum pato. Er war der „Padre Nego“, der „Pater Neger“, so nannten ihn alli, ausser dem Bischof, der in seinen brifen schrib: An Evanir Rosa. Und in klammern: (Padre Nego). Bald schickte man ihn ins hinterland von Maranhão, das wie gesagt der ärmste stat do Brasil is. Dort dachte er, nu is aba schluss mit dem „Nego“, es muss etwas mer respect her. Leider kam ihn seine mama mal besuchen und sprach von irem son „Nego“, und sofort wurde das von der bevölker übernommen. Er blib der Padre Nego.

Nach vilen jaren im Maranhão wurde er zum Amazonas geschickt. Zwischendurch hatte er ein multiples myelom, eine seltene krebsart des knochenmarks, und keine ser freundliche. Es war zwar zimlich schmerzhaft, er sa aber das ganze nie als richtig schlimm und wirklich bedrolich, und so besiegte er die krankheit one vil drama. Oder er hatte einfach glück. Nu kert er zurück zu seiner heimat, nich one vorher eine amazonasfart gemacht zu haben.

Im gespräch über sexualität in seim beruf spricht er vil von keuschheit. Seine jungfräulichkeit kann ma leicht verliren, und die is unwiderbringlich. Aber keuschheit kann ma jederzeit erlangen. Wobei die keuschheit, die er meint, nich unbedingt die sexual is, sondern im reinu sein mit sich selbst und mit Gott. Von Thomas von Aquin, der leib und sele trennte, hält er nich vil – diser war seiner meinu nach eine catastrofe für die Kirche. Er is nich gegen das celibat, wenn es eine persönliche entscheid is, aber nich wenn es von der Kirche diktiert wird. Er meint auch, ma wird als pfarro immer wider belagert, und manchmal belagert ma selber andris. Ich versuch, aus ihn was zu entlocken, was er am beichtstul selbst gebeichtet hat oder beichten müsste, er antwortet: „Ich hab nie was unbotmäszigu getan, und das was ich unbotmäszigu getan hab, hab ich immer ser gut caschiren können!“

Das bot hat 3 decks: im unteren werden die autos transportiert, im mittleren schlafen die leut auf den hängematten und oben sind die bar und die cabinen. Auch wenn die hängematten deutlich billiger sind, will ich nich auf einer schlafen, weil mein ausrüst immer ungesichert wär. Im mittleren deck sind hunderte leut auf engstem raum zusammen, da sit es aus vie in eim „navio negreiro" – so nannten die portugalis die sklavischiffe. Clar, wirklich so schlimm is es nich, eine hängumatt is gar nich so schlecht zum schlafen, und ma wird nich ausgepeitscht. Da faren auch schnelle catamarane, in denen ma dann wie in eim buss sitzt, und kreuzfartschiffe, bei denen man ein heidigeld zalt, normal aber faren die leuti mit solchen boten wie dem, in dem wir sind. Ein par auslandis sind auch dabei: ein sechziger francian eepar, zwei zwanziger fransos, ein dreissiger italiano pärchen, ein zwanziger urugiano hippipärchen und ein dreissiger japano. Mit „hippis" werden in Brasil heutzutage leuti gemeint, die etwas exotisch angezogen sind, kunsthandwerk verkaufen und durch die gegend zin. Die meisten auslandis sind im hängematten-sal, aber die meisten leuti sind tagsüber oben an der bar oder hinter der bar, wo es etwas küler is. Es is nich leicht, hir intervius zu füren, weil an der bar meistens ser laute musik is und es an den seiten dauernd regnet. Oft kann ma kein ufer mer sen vor lauter regen. Das francian eepar regt sich furchtbar auf über die laute musik, beschwert sich beim extreem unsimpatischen wirt, der sagt, das is hir so, und sie können ja woandershin, wenn es inen nich gefällt. So sind die brasilis. Nach eim oder zwei tagen beschweren sich die 2 fransis und 2 brasilis (ich inklusive) beim capitän, und der befielt dem wirt, die musik leiser zu machen. Ansonsten is es etwas anstrengend mit den essenszeiten, es gibt ein curzes zeitfenster für den billigfrasz, ein andres für das teurere büfee, und oft is schlange. Caffee gibts zum frϋstück und dann um 15 ur. Kommt man um 15 ur, is eine grosze schlang. Kommt man eine halbe stunde später, gibts keine schlang und auch kein caffee mer. So is es am Amazonas, entweder ma hat schlangis oder kein caffee.

Die delfine springen frölich im wasser des Amazonas. Am ufer ham nu auch die kleinsten dörfer electricität. Sie kommt aus den generatores. Licht wär den indianis und caboclos (mischis aus indianis und weissis) nich so wichtig, aber one TV get rein gar nix.

Ich sprech ein par leut an, die offensichtlich aus der gegend sind, aber sie wollen kein interviu geben. Auch die lustige frau, die für die cabinen und die sauberkeit zuständig is und mich dauernd anmacht, will nich interviut werden. Dafür will ein sechziger mit mir sprechen. Der is aus Goiás, genauer aus Catalão, in der nähe von Brasília.

Sein nam is Ubaldo Ribeiro. Fast wie der bestseller-autor João Ubaldo Ribeiro, der schon auf einladu des DAAD in Berlin war und für die ZEIT eine wöchentliche kolumne schrib. Den nachnamen hat er von seiner mam, da sein papo zur zeit der geburt im knast sasz. Die mama war 40, hatte schon 8 kindis und war verwitwet, als sie eine afäre mit seim 20 jare jüngeren papo hatte. Bald darauf hatte der pap eine diskussion in einer bar, wo man ihn ein hurason nannte. Wenn ma heutzutag leut abknallen würde, weil das wort „hurason" gefallen is, dann wär die bevölkeru von Brasil sicher kleiner als die von Liechtenstein. Damals aber war das ein grund für ein erenmord – die gab es nich nur bei den muslimis, sondern auch milionenweise in der kristlichen welt. Die mama war wäschewascha und hatte 9 kindis durchzubringen, so gab sie ihn eim kindilosen eepar, als er 2 war. Damals war das alles zimlich informell, der Jerônimo nam das kind auf die schulter und brachte es nach hause. Er schrie zur frau im haus: „Maria, rate mal was ich mitgebracht hab!" Die neue mama freute sich ser. Da fil den neuen eltis ein, das sie gar nich wussten, wie er hisz. Sie fragten ihn, und er sagte „Cândio", womit eigentlich „Cândido" gemeint war, der sein näxtälterer brudo war. Und so verging noch einige zeit, bis sie informiert wurden, wie das kindi tatsächlich hisz. Eines tages kam sein biologischer pap aus dem gefängnis, besuchte die familie und lisz geld da, damit sie ihn besser durchbringen konnten. Später traf Ubaldo disen echten pap immer wider, er liebte und bewunderte ihn. Diser war ein kaubeu, ein fleissiger und respectierter kaubeu.

Im alter von 10 jaren fing er zu arbeiten an, als aushelfe bei der brotliferu für eine bäckerei. Mit 14 bekam er ein festen jobb in der bäckerei, als bäckihelfe, und da er ser fleissig und wissbegirig war, wurde er bald zum bäcko befördert. Er verliebte sich zum ersten mal, und blib mit die mäd ein par jare, bis ire familie zum stat Minas Gerais zog. Wenn die hormone in wallung kamen, gab es nur ein platz: den wald, auf portugaliano „mato". In ermangel eines motels, das in Brasil dazu dient, das ma solchen activitäten nachgeet, ging man in den wald, der dann nich „motel" sondern „matel" hisz.

Er wurde der arbeit in der bäckerei überdrüssig und nam ein jobb als buss-schaffno an. Da hilt er nur ein halbes jar aus und ging auf wanderschaft. Er kam nach São Paulo – mit der ban, weil in den 50er jaren kaum eine landstrasze in Brasil geteert war. In São Paulo arbeitete er als bäcko, mochte aber die stadt nich und beschloss, nach Paraguay zu faren. Sein geld reichte aber nur bis Maringá, im stat Paraná. Dort hatte er kein geld mer, wonte in eim obdachlosiheim, suchte ein jobb. Auf dem centralplatz sasz ein herr, er setzte sich zu ihm hin, erzälte ihm seine geschichte und fragte, ob er nich von eim jobb weiss. Der herr sagte, da gleich am bussbanhof, das is auch ein hotel und restaurant, und die suchen leute. Er stellte sich vor, und der wirt sagte, er kriegt den jobb, wenn er gleich anfängt. Kein probleem, antwortete Ubaldo, und bat darum eine dusche zu nemen, und vileicht hätte der wirt auch eine kleinigkeit zum essen, da er 3 tage nix mer gegessen hatte. Der wirt gab ihm ein zimmer im hotel, und als Ubaldo zurückkam, wartete ein bankett auf ihn, das er bis heute nich vergessen hat. Er musste die nacht durcharbeiten, übermüdet wie er war, aber er schaffte es. Er arbeitete vor allem nachts, da er aber tagsüber irgendwann ausgeschlafen war, fing er an, die vilen flaschen, die im hinterhof rumlagen, zu sortiren und überhaupt alles zu sortiren. So bekam er immer mer kompetenzen, auch in die verwalt. Und die wirtis luden ihn zu irer farm ein, gaben ihm kleidu und immer wider schenkus. Er gehörte schon zur familie. Da auch paragis in der stadt lebten, lernte er allmälich guaraní, die in Paraguay neben espanian amtssprache is. Eines tages bekam er ein brif von der schwesta, der besagte, der mama ging es schlecht, und so machte er sich schweren herzens auf dem weg zur heimat. Die wirtis gaben ihm vil extra-geld, ein neuen coffer, neue kleidu und liszen ihn versprechen, das er zurückkommt. Da die schwesta weiter südlich wonte als die mam, kam er erst bei ir vorbei. Sie war grade verwitwet, wollte zurück nach Catalão zin und er half ir dabei. In Catalão stellte er fest, das die mama putz und munter war, offensichtlich hatte die schwesta das nur gesagt, damit er ir beim umzug hilft. Nu ja, nu war er da und beschloss, bei seim brudo, der ein urmachigeschäft hatte, den urmachi-beruf zu lernen. Er zog dann nach Anápolis und machte dort ein urmachigeschäft und juwelerie auf. Er verliebte sich in eine schöne grünäugige frau, sie heirateten und hatten zwei kindis. Zu der zeit is ein unfall passiert, er war bei a freundo, der grade seine pistole sauber machte, eine kugel verlisz die waffe – mal wider unerlaubterweise – traf den finger des freund und anschliszend Ubaldos hinterkopf. Wie durch ein wunder überlebte er, er war nach eim neuntägigen krankihausaufenthalt wider draussen.

Wir machen eine interviu-pause. Er get nach unten und kommt nie wider. Hab ihn sogar unten aufgesucht und nich gefunden, ham die ihn vileicht über bord geworfen? Normalerweise hatte er eigentlich immer glück im leben, er war ein schürzejägo, er hatte um die 10 fraun, aber immer hintereinander – solange er mit einer war, war er ir immer treu. Und ich weiss auch, das er heute so was is, was man neudeutsch vermutlich „food quality controller" nennt. Er wont in eim städtchen an der küste von Piauí, und was er mit den Rosenkreuzern zu tun hat, konnte er am ende wegen abwesenheit nich mer erklären. Schade, der mann war gut.

Rosenkreuzer, rosacrucianer, das is eine mystische richtu des cristentums. Nennt sich selber esoterisch, mystisch. Und woher kommt sie? Aus Deutshland, natürlich. Aus Deutshland kommt eine menge. Nach den vorhandenen documenten is die bewegung relativ neu, nach manchen legenden kommt es vom alten Egipt. Clar, das ma keine documente findet, sonst wär Rosenkreuz ja kein geheimbund, sondern eine nichtregirungs-organisazion.

história do Brasil

Wann Brasil von menschen entdeckt wurde, weiss ma nich so genau. Die indianis ham es nich aufgeschriben, die faulen säcke, und ab und zu datiert man ire ankunft in Brasil zurück. Das gröszte indiani-volk war das der tupi-guarani. Sie lebten glücklich, die nachbarschaft war immer fridlich, und sie hatten überhaupt keine probleme, bis die europis kamen.

Nachdem Columbus Amerika entdeckt hatte, stritten sich espanis und portugalis über die verteilu der länder, die neu entdeckt waren, und der länder, die noch zu entdecken waren. Merere verträge wurden unterschriben, auch unter vermittlu des papstes, der wichtigste war der Vertrag von Tordesilhas (espaniano „Tordesillas"). Der bestimmte eine linie 370 semeilen westlich von Cabo Verde, und alle länder östlich davon sollten portugaliano werden, alle westlich davon espanian. Demnach hätte Brasil weniger als die hälfte der fläche, die es heute hat. Im gegensatz zum rest des americano continents, wo die entdecku von America gefeiert wird, wird in Brasil nur die entdecku von Brasil durch Pedro Alvares Cabral gefeiert. Die oficielle entdecku, wolbemerkt – merere sefaris hatten schon vorher die brasiliano küste aufgesucht, scheint es. Oficiell wollte Cabral nach India, und von den falschen winden getriben, landete er „zufällig" in Brasil. Ahhhh, da is ja land!

Die portugalis brachten bananen, kokospalmen und die syfilisazion nach Brasil. Sie nannten das land zuerst Insel Vera Cruz, dann Land von Santa Cruz und am schluss Brasil. Oder

Brazil: die debatte ging ser lange, vor allem im ganzen 19. jarhundert diskutierten die gelerten, ob die richtige schreibu Brasil oder Brazil sein sollte. Die regel im portugalian is, das /z/-laute (also das weiche S wie in „rose") mit S geschriben werden, wenn das wort aus dem latin kommt, und mit Z, wenn es von andren sprachen stammt. Es gab aber zwei versionen, warum das land so hisz: die eine besagte, es kommt aus dem pau-brasil, dem roten brasil-holz, und das soll so heissen, weil das holz die farbe von glut hatte, „brasa" auf portugalian, also glutholz oder „glürotes holz". In dem fall müsste ma „Brasil" schreiben, da das wort aus dem latin käme. Die andre version is, das es aus dem keltischen kommt: die iris (wonis von Irland) nannten eine legendäre insel mitten im Atlantik „Breazill". In dem fall kam das wort nich aus dem latin und müsste Brazil genannt werden. Ja, so können sich gelertis die zeit vertreiben – 100 jare lang. Am ende setzte sich die teorie mit dem brasil-holz durch, nur im english is sie mit Z gebliben.

Es hat lange gedauert, bis die portugalis anfingen, das land richtig zu kolonisiren. Sie sind eben wenigis, und keini wollte in dise wilde gegend voller indianis, schlangis, krokodilis und mückis. Is denen auch nich zu verübeln. Der könig verteilte das land an zwölf adlige, er verschenkte länderein an diejenigen, die das land kolonisiren wollten, es ging trotzdem schleppend voran. Vili von denen, die kamen, waren neukristis, das heisst zwangskonvertierte judis, sei es, weil sie das geld hatten oder um den anfeindus in Portugal zu entflin: es hatte inen nix genützt, sich zu konvertiren, ma hatte was gegen judis und dann gegen neukristis, so wie türkis in Deutshland, die die deutshe statsangehörigkeit annemen und trotzdeem weiter als türkis angeseen werden. Vor allem praktizierten manche neukristis immer noch den judaismus und aszen zum beispil kein schweinifleisch – solche asoziale, die der gesellschaft schaden wollten, musste ma bestrafen! Ausserdem war damals die praxis der Inquisition, kriminelle nach Brasil zu schicken, und ein nichtkonvertierte judi war praktisch per definitionem ein kriminelli, also kann ma davon ausgeen, das die zal der brasilis mit etwas judiano blut, wenn es so was gibt, zimlich hoch sein muss. Eine neue studie spricht von 25 % bis 30 % vo die bevölker. Damals. Aber vile ham sich bestimmt vermischt, und die ergebnisse vermischten sich noch mer, so das weit über die hälfte der brasilis vermutlich judiano blut hat.

Bald entdeckten die portugalis das geschäft mit dem zucker. Zuckerror wux in Brasil leicht, el europis waren hungrig danach, und so setzte der zucker-cyklus ein. Mitte des 17. jarhunderts besetzten die nederlandis die nördliche hälfte von Brasil, guverno der neuen kolonie wurde der hessische Prinz von Nassau, der von Olinda aus (beim heutigen Recife) regierte. Ein halbes jarhundert später wurden die nederlandis vertriben. Ma sollte sich aber kein krig vorstellen zwischen portugalis und nederlandis. Beide völker sind händlivölker, also machten sie ire hände nich dreckig. Die portugalis intrigierten bei den indianis und hetzten sie gegen die indianis, die für die nederlandis kämpften, und andersrum genauso. Übrigens der chef der tapuia indianis war der deutshe Jacob Rabe, der später auf befeel vom provinzguverno Georg Garstman ermordet wurde.

Die ersten judis, die in den späteren USA landeten, kamen übrigens aus Nordbrasil: die nederlandishe, portugaliano und deutshe judis, die im nederlandishe Brasil lebten (es war ein judifreundlicheres land), wollten nich zurück nach Europa und namen kurs auf Nieuw Amsterdam, das heutige New York.

Inzwischen waren die portugalis vil weiter nach westen vorgedrungen, als nach dem Vertrag von Tordesilhas festgeleegt worden war. El espanis waren nie so richtig einverstanden, andrerseits waren sie zu ser damit beschäftigt, das gold aus Peru und Mexico nach hause zu karren, und liszen die portugalis gewären.

Die nachfrage nach zucker lisz mit der zeit nach, und im 18. jarhundert entdeckte ma vil gold in Minas Gerais, so setzte der gold-cyklus ein. Das gold wurde natürlich nach Portugal gebracht. Zu dem zeitpunkt entwickelten sich die ersten unabhängigkeitsbestrebungen. Die Inconfidência Mineira, oficiell die erste unabhängigkeitsbewegung, wurde von den portugalis zerschlagen, der anfüro Tiradentes gehängt und die andren rebellen ins exil nach Afrika geschickt. Aber das is nur die geschichte, die man in der schule lernt. Manche historikis zweifeln die existenz von Tiradentes an, der übrigens stets wie Jesus abgebildet wird: die ganzu soll ein erfindung der mitte des 19. jarhunderts gewesen sein, weil das junge land unbedingt ein par helden bzw. märtiris brauchte – nationale identität!

Anfang des 19. jarhunderts hatte sich Portugal mit England gegen Franse verbunden. Napoleon beschloss, Portugal zu bestrafen, und der prinzregent, später könig Johann VI., flüchtete nach Brasil. Nach der niderlage Napoleons wollte er nich mer zurück nach Portugal. Der Winer Kongress wollte ihn als tronfolgo nich anerkennen, wenn er nich in der hauptstadt Lisboa wonte. So erhob er Brasil zum teil des neuen Vereinigten Reichs von Portugal, Brasil und Algarve, mit hauptstadt in Rio de Janeiro (/hiu d Za'ner(u)/). Vile verbote, die Portugal der kolonie in den vorherigen jarhunderten auferlegt hatte, um das land besser unter kontrolle zu halten (z.b. konnte Brasil nich mit andren ländern direkt handeln, es durfte keine eigene presse aufbaun, etc), wurden aufgehoben. Das reichte aber dem Winer Kongress nich, und so musste er doch nach Portugal zurück. Lisz aber sein son da und empfil ihm, bei einer erstarkung der unabhängigkeitsbewegung selber die unabhängigkeit zu erklären, so könnte alles in der familie bleiben. In Portugal gab es bestrebungen, Brasil wider zur kolonie zu degradiren, damit wux in Brasil die unabhängigkeitsbewegung. Der son Dom Pedro I erklärte die unabhängigkeit und wurde 1822 zum kaiso von Brasil. Ma könnte sagen, das war eine etwas faule unabhängigkeit, dafür verlor kein einziger soldat oder mensch wegen der unabhängigkeit sein leben.

Dom Pedro war mit der habsburga Leopoldine verheiratet. Zur zeit der unabhängigkeit lebten in Brasil 2 milionen menschen, darunter 90 % sklaven, und auf betreiben Leopoldines wurden deutshe bauern importiert, um die unbewonten grenzen zu sichern und um die bevölkerung aufzuhellen.

Der papo starb 1826, und Dom Pedro sollte nach Portugal gen, um dort als Peter IV den tron zu besteigen. Er weigerte sich, zurückzukeren, war trotzdem als Pedro I kaiso von Brasil und gleichzeitig als Pedro IV könig von Portugal. In Portugal war ma mit ihm unzufriden, weil er zu ser mit Brasil beschäfigt war, in Brasil war ma mit ihm unzufrieden, weil er zu ser mit Portugal beschäftigt war. Er musste sich zwischen Brasil und Portugal entscheiden, und entschid sich für Brasil. Er ernannte seine tochta zur tronfolga in Portugal, da sie aber noch minderjärig war, sollte sein brudo Miguel die regentschaft übernemen. Diser rebelierte und Pedro I war gezwungen, nach Portugal zurückzukeren, um die rebelion zu zerschlagen. In Brasil musste er auf druck des parlaments abdanken. Er reiste nach Portugal, und lisz sein 5-järigen son Pedro II als tronfolgo zurück. Ein regentenrat wurde eingesetzt, um die amtsgeschäfte zu füren. Im alter von 14 jaren wurde Pedro II für volljärig erklärt und übernam die regir. Er galt als einer der fähigsten monarchen seiner zeit, Victor Hugo nannte ihn ein nachkomme Marc Aurels. Die wirtschaft wux, er modernisierte das verkeers- und komunikazionssisteem – das land war eines der ersten, das telefon hatte. Dom Pedro war blond, 1,90 meter grosz, konnte merere sprachen, wurde auf deutsh erzogen und lernte sogar hebräisch. Er traf sich in Europa mit filosofen und andren gelerten, unterstützte auch die gründung der Bayreuther Festspilhauses. Manche brasili sent sich noch heute nach eim kaiser wie ihm.

1830 wurde der „import" von sklaven auf druck Englands verboten. Da immer mer imigranten nach Brasil kamen, wurden die sklaven immer weniger im verhältnis zur gesamten bevölker, dazu kamen neue gesetze, die die sklaverei weiter beschränkten. Ab 1850 riten die deutshe behörden davon ab, nach Brasil zu emigriren – die deutshe bauern wurden angeblich als sklavenersatz eingesetzt und schlecht behandelt.

1864 befanden sich in Uruguay die zwei groszen parteien „blancos" (weisse) und „colorados" (rote) im krig, und Brasil unterstützte die colorados. Das war nich im sinne des paragiano diktators Lopez, er wollte den blancos zur hilfe kommen, dazu müsste er über Argentina marschiren, und da die argentinis das nich erlaubten, griff Paraguay Argentina und Brasil an. Paraguays armee war topfit, wärend sich argentinis und brasilis fragten: „Krig? Ach so ... was brauch ma da? Ja, eine armee ... wo is denn die armee?“ Ma musste sie zuerst aufbaun. Und dann 6 jare lang in eim krig kämpfen, der hunderttausenden menschen das leben gekostet hat. Es war der verlustreichste krig, der je in Südamerika stattgefunden hat. Paraguay musste bis mitte des 20. jarhunderts reparationszalungen leisten.

Ab 1870 setzte die massenemigrazion nach Brasil ein (wie auch nach einigen andren ländern), das land war jarzentelang das zweitgröszte einwanderungsland der welt, nach den USA. Pedro II hätte gerne die sklaverei abgeschafft – seine vilen freunde in Europa san die sklaverei nich mit guten augen an. Aber er konnte es sich nich mit den groszgrundbesitzis verderben, sie waren ja eine seiner wichtigsten stützen gegen die republikanis. So wälte er die salami-taktik und brachte neue gesetze, die die sklaverei einschränkten: das Gesetz des freien Schoszes, nachdem kinder von sklaven frei geboren wurden, dann das gesetz, das 65-järigen sklaven die freiheit schenkte. Die endgültige abschaffung der sklaverei kam erst 1888, nich durch Pedro II, der in Europa weilte, sondern durch seine tochta Princeza Isabel, die das land stellvertretend regierte. Die frühere sklaverei wurde durch die freie sklaverei ersetzt. Das gefil den groszgrundbesitzis gar nich, und ein jar später wurde Dom Pedro II vom tron geputscht. Eigentlich war er ein modern denkender mensch und wär in einer andren konstelazion sicher ein republikaner, blöderweise war er der kaiser.

Zu der zeit war Brasil zum bevorzugten imigrazionsland von deutsh auswanderer geworden. Der deutshe konsul in Südamerica, in Buenos Aires stazioniert, schrib sogar dem kaiser Wilhelm, er sollte möglichst vile deutshis nach Südbrasil schicken. Deutshland expandierte und überlegte sich, wo neue kolonien zu holen waren. Die deutshis, die in die USA auswanderten, fülten sich sofort als USis und waren für die zile des Deutshen Reiches unbrauchbar. In Argentina gab es auch vile deutshis, aber ein ganzes land zu erobern, zumal im americano kontinent, würde vile probleme mit den USA verursachen. Aber nur einen teil des landes zu erobern, und zwar Südbrasil, würde sicher kein groszen konflikt mit den USA bedeuten, zumal die region sowieso groszteils von deutshis bewont war und 90 % des aussenhandels mit Deutshland abgewickelt wurde.

Im 1. Weltkrig hatte das land vile wirtschaftliche probleme, weil die europano länder ir geld für den krig brauchten und andre sorgen hatten als kaffee zu trinken. Lange war Brasil neutral, dann wurde ein brasiliano schiff von a deutsh u-bot versenkt, weil es sich in gewässern befand, in denen die deutshis ire seblokade errichtet hatten. Eine welle antideutsher ressentiments kam auf, firmen, zeitungen, vereine von deutshis oder deutshbrasilis wurden geplündert und abgefackelt. Der brasilian aussenminister, Lauro Müller, der gegen ein krig war, musste zurücktreten. 1917 erklärte Brasil Deutshland den krig, aber vil is nich passiert, ausser der öffnung von brasiliano häfen für die aliierten krigsschiffe und der jagd nach deutshe krigsschiffen und u-boten im Südatlantik, die glaub ich nich besonders erfolgreich verlaufen is.

Jedenfalls hatte das land eine wichtige lekzion gelernt: es konnte nich mer von eim einzigen produkt abhängig sein, es musste seine wirtschaft diversifiziren und vor allem eine nazionale industrie aufbaun.

Die zwei ersten präsidenten nach dem fall der monarchie 1889 waren militärs, dann kamen zivile präsidenten, bis 1930 der demokratische prozess wider unterbrochen wurde. 1930 putschte sich Getúlio Vargas an die macht und blib bis mitte der 40er. Später wurde er nochmal gewält und beendete seine kariere mit eim schuss in den kopf. Vile brasilis senen sich nach ihm, er fürte vile gesetze zum schutz der arbeiter ein.

In den 30er jaren entstand paraleel zu Deutshland eine nazi-bewegung. Die meisten anhänger waren aber keine deutshbrasilis, sondern deutshis aus Deutshland, die in den jarzenten davor gekommen waren – meist wirtschaftsflüchtlinge, solche, die manche deutshis heutzutage so hassen. Getúlio hatte nix gegen die deutshis, seine tochta war ja sogar mit eim verheiratet, aber seine minister und die meisten politiker schon. Die regirung dekretierte, das die sprache in Brasil portugalian is und der schulunterricht auf portugaliano sein muss. So mussten tausende lerer, die ir leben lang auf deutsh unterrichtet hatten, über nacht auf portugalian unterrichten, eine sprache, die vile nich beherrschten. Deshalb sprechen die leut in Südbrasil nich nur ein schlechtes deutsh – oder zumindest ein zimlich andersartiges deutsh, sondern auch ein zimlich komisches portugalian, das vil mer der schriftsprache entspricht als in Restbrasil. Das klingt widersprüchlich, aber wenn jemand das wort „wieder“ mit eim R am ende ausspricht, klingt er wie ein ausländer oder wie ein schweizi, und wenn jemand das H in „geht“ ausspricht, nur noch als ausländer.

Brasil blib lange zeit im 2. Weltkrig neutral, wobei ma zulisz, das die USis den flughafen von Fortaleza (/forta'leza/) benutzten, damit sie ire flugzeuge über den Atlantik bringen konnten – direkt über den Nordatlantik konnten sie damals nich fligen, es war zu weit. 1944 wurden ein par brasiliano schiffe wider von deutsh u-boten versenkt, und Brasil trat doch noch in den krig ein. Die brasiliano soldatis wurden nach Italia geschickt, wo sie den Monte Castello von den deutshis eroberten. Ich nem mal an, die waren schon wek oder schon ser müde. Brasil schickte 27.000 soldaten und verlor über 2.000. Ein onkel von mir, aus dem süden, erzälte, die deutshis versuchten sich immer bei den brasilis zu ergeben, da sie von inen besser behandelt wurden. Kein wunder, seine brasiliano krigskameraden hiszen Alfred Mähn, Rudolf Schneider und Viktor Haas.

Nachdem Brasil in den krig eingetreten war, hatte Deutschland keine chance mer. Jedenfalls kamen danach vile flüchtlinge aus Europa, deutschis natürlich inklusive. Die meisten davon waren wirtschaftsflüchtlinge, aber auch nazis waren dabei, und auch nazis, die wirtschaftsflüchtlinge waren. 1945 erlangte Brasil seine demokratie zurück.

In den 50er und 60er jaren kamen vile multis nach Brasil, vor allem autohersteller: Ford, GM, Chrysler, Simca, Volkswagen, DKW, Mercedes Benz, Volvo, Saab. Fiat, der marktfürer heutzutage, Renault und merere japanis kamen erst später. Ende der 50er fing präsident Juscelino Kubitschek mit dem bau der neuen hauptstadt Brasília an, und 1960 zog die regirung dorthin. Die politiker durften an den wochenenden umsonst in ire heimatstädte (oder nach Rio zum strand) fligen – keine ser billige geschichte. Grade wird diskutiert, ob ma disen brasília-zuschuss nich abschaffen sollte, schliszlich is der bau von Brasília 50 jare her, und der aufenthalt in Brasília kann nich als strafe geseen werden ...

1960 wurde ein neuer präsident gewält, Jânio Quadros. Das war eine schillernde figur, ein mann, der alles ändern wollte, und zwar sofort. Er hielt ein halbes jar an der macht aus und trat zurück, auch sofort. Übernommen hat der vize-präsident João Goulart, genannt „Jango". Seine politik war links, zu links für das kapital, die kirche, die mittelklasse und die CIA, und 1964 kam es zum militärputsch. Vile politiker mussten das land verlassen.

Die militärs versprachen neuwalen, die wurden 1968 gehalten. Das war das jar der studentenproteste, es bildeten sich RAF-änliche gruppen. Militär und polizei schossen scharf auf die terroristen, die freiheitskämpfer schossen scharf auf militär und polizei. Gewonnen ham militär und polizei. Die situazion war aber ideal, um neue sicherheitsgesetze, sprich diktatorische, durchzubringen. Und so erlebte man die schlimmste zeit der unterdrückung, der folter und zensur. Mit präsident Geisel setzte die entspannung wider ein, die knebelgesetze wurden gelockert. Sein nachfolger hisz Figueiredo, und seine sprüche waren legendär. Er sagte am anfang seiner arbeit als präsident, er wird aus diesem land eine demokratie machen, auch wenn er die ganze bevölkerung in den knast stecken muss!

Alle 4 jare wurde ordnungsgemäsz gewält. Gewinnen tat immer die regirungspartei ARENA, die dann den als präsidenten wälte, den die militärs auserkoren hatten. Kein wunder: alle populären politiker der oposizion waren im exil. Trotzdem gewann sie irgendwann, aber die regirung hatte mit irer merheit davor noch vile gesetze beschlossen und dann verboten, das eine einfache merheit ein gesetz ändern kann – nur $^{2}/_{3}$ reichen! So ein sisteem nannten die brasilis eine „democratura".

Die transizion von militärdiktatur zu demokratie war zimlich dramatisch. Das heisst, die militärs wollten ein zivilen präsidenten wälen, aber diesmal noch einen irer wal, der das tut, was sie sich wünschen. Die oposizion stellte iren kandidaten auf, Tancredo Neves, ein populären politiker aus Minas Gerais. Zu der zeit fingen die groszen demos für „Diretas Já" an, also für die direkte wal des präsidenten, damit die militärs nix mer zu sagen ham. Die direkte walen fanden damals doch nich statt, dafür gewann Tancredo Neves in den indirekten walen, und Brasil feierte. Bis zu seim tod wegen einer darmkrankheit ein par tage später. Das war ein nazionales trauma.

Während der militärdiktatur wurden viele dissidenten gefoltert und 380 getötet. Schön war das nich, auch wenn sich die zahlen nich mit den totenzahlen von Chile und vor allem Argentina vergleichen lassen, wo viele tausende ihr leben lassen mussten. Wirtschaftlich wars die zeit des gröszten waxtums in die brasiliano geschichte, $^{3}/_{4}$ des waxtums in der ganzen dritten welt ging auf das konto vo Brasil. Es war aber auch die zeit, in der die gröszten unterschiede zwischen arm und reich entstanden. In der gesamten geschichte hatte Brasil 24 gewählte präsidenten, und 9 kamen über undemokratische wege an die macht.

Diktaturen sind immer ein guter nährboden für witze: der brasiliano präsident kommt nach Bolivia mit seim kabinett, der boliviano präsident wartet schon am flughafen. Der brasiliano präsident stellt sein kabinett vor: hier der finanzminister, der kulturminister, der innenminister, der justizminister, etc. Dann stellt der boliviano präsident seine truppe vor: hier der bildungsminister, der aussenminister, der innenminister, der marineminister ... Ja moment mal, fragt der brasiliano präsident, was sagen Sie da? Marineminister? Wie soll denn das gehen, ihr habt ja keine küste, wie wollt ihr ein marineminister haben? Der boliviano präsident antwortet, „Also vorher, als Sie Ihren justizminister vorgestellt ham, hab ich auch nix gesagt, jetz lassen Sie mich bitte zuende reden."

der geburtsort Jesu
Pará

Inzwischen sind wir im stat Pará, wo die nuss herkommt. Die para-nuss, natürlich, auf portugaliano „noz do Pará". Und wir ham eine neue zeitzone: nich mehr 5 stunden früher als die mitteleuropäische zeit, sondern 4. Brasil is zwar gröszer als die USA ohne Alaska, hat aber weniger zeitzonen weil die ausdehnung eher in nord-süd-richtung verläuft als in ost-westrichtung. Es hatte schon mal 4 zeitzonen, wobei eine nur auf einer insel im Atlantik is, die äusserst westliche wurde abgeschafft. So hat ma 2 grosze zeitzonen: die Brasília-Zeit und die Amazonas-Zeit. Wobei die Brasília-Zeit sich im sommer teilt: der süden hat sommerzeit, der norden nich, weil es hier kein sinn hat.

Ich intervieu noch endlich mal jemand ausch der gegend. Raiol kommt ausch Soure, auf der Marajo-Insel, der gröszten flussinsel der welt, und wohnt in Belém (/be'leN/). Ich dachte, nur die cariocas, die einwohner von Rio, sprechen das S, das nich von vokal gefolgt wird, als SCH ausch, die paraenses tun dasch aber auch. Als wär esch nich genug, dasch ich jetz in Stuttgart wohn, jetz musch ich mir auch dasch noch anhören. Er meint, dasch portugaliano von Pará wird alsch dasch beschte und richtigschte in Brasil angesehen. Dasch kann ich mir schwer vorstellen, seit wann gilt zahnlückendikzion alsch perfekte aussprache? Raiol is sportlich, trinkt nich, raucht nich, is trotzdeem kein evangelikaler. Er isch informatikprofessor, war nie in lebensgefahr, die schlimmschte krankheit, die er hatte, war pocken, und er findet die regierung nich gut, alles geht den bach hinunter, die ganze korupzion ... Ich frag, aber die wirtschaft wäxt doch? Ja, ja, Brasil isch jetz die sextgröszte wirtschaftsmacht, eine gigantische industrie, es kommt viel geld ins land, etc. Isch interessant wie antipetisten (gegen Lula) erkennen, das es dem land gut geht, und die regierung trotzdem kritisieren. Aber petisten waren auch nich anders, als Fernando Henrique Cardoso, auch Fernando Henrique oder FHC genannt, dasch land regierte. Einfaches logisches denken isch dem menschen fremd. Wenn Hans mehr geld hat als Peter und Peter mehr geld als Robert, dann is der schluss nich, das Hans mehr geld hat als Robert, sondern dasch alle drei korupte arschlöcher sind, wenn ma sie nich mag. Oder wenn ma z.b. Peter mag, is der schluss, das Peter kein materialist wie Hans is und nich so faul wie Robert. Irgendwie kann der mensch nur zweckdenken, das heischt, zum eigenen vorteil oder so, das er seine hirnbibliotek nich umbaun muss – auch das hirn is ein fauler sack.

Da ich nich weiss, wo ich in Belém bleibe, folg ich dem japano, das heisst, er folgt mir: er hat die adresse vom hostel, ich weiss, wie ma hinkommt, das heisst, ich weiss es auch nich, kann aber fragen. Er heisst Hiroshi – komischerweise schau ich in meim ersten buch nach und stelle fest, das der japano, mit dem ich vor 20 jaren den Amazonas runter fur und in Belém zusammen ein par tage verbracht hab, auch Hiroshi hisz. A ganz gewönlicher japano: ich frag ihn, was er in Japan so zum leben macht, er sagt, „I cut chicken, in restaurant." Dafür kam er von Atalaya in Peru mit eim selbstgebauten flosz runter. Nach 5 tagen knallte das flosz auf ein baum, er geriet in seenot, oder besser, in flussnot, schrie eine stunde lang nach hilfe und wurde am ende gerettet. Er baute dann noch ein flosz und zog weiter bis nach Iquitos, er war dann noch 20 tage unterwegs. Vor ein par jaren ging er zu fusz von Shanghai nach Lissabon, er brauchte dafür 3 jahre. Nach eim langen tag hatte er kein Toyota farzeug, kein Sony-recorder gebaut, sondern lediglich sein körper durch die sibirische taiga 40 oder 50 kilometer weitergeschleppt. Eigentlich kein guter japano.

Belém is die elftgröszte stadt in Brasilien, mit 1,5 millionen einwohnern. Grosz-Belém hat 2 millionen. Momentan hat es keine hundert einwohner, da is nix los, es is karneval, alle liegen am strand. Wir besuchen den Ver-o-Peso-Markt, sehr berühmt in ganz Brasilien, is aber alles zu. Mehr leute sieht man im shopping, also im einkaufszentrum. Die brasilis gehen gerne hin, sogar wenn die läden zu haben. Die stadt is übrigens auch die zehntgefärlichste stadt der welt. Die hamburger von den garküchen, mit stühlen und fernsehern um sie herum – ohne fernsehen geht gar nix – sind die besten, die ich je gegessen hab.

Belém is der portugaliano name für Bethlehem. Einmal hat der fussballspieler Claudiomiro, vom FC Internacional, der zum ersten mal in Belém spielen sollte, in einem intervieu zu protokoll gegeben, er freut sich in der stadt zu spielen, in der Jesus geboren wurde. Ich fürchte, das bildungsnivo da brasiliano futballis is nich viel höher als das der mitteleuropis.

Das Hotel Amazonas, ein unscheinbares hostel, das die rucksacktouris gern aufsuchen – billiger kann man es nich haben, sicher is es in der „Bibel“, dem Lonely Planet reiseführer –, is nett eingerichtet, leider kann man hier schlecht rauchen. Normal bin ich ein verbrechi und rauch im zimmer, hier geht leider das fenster von meinem zimmer direkt zur rezepzion. Ich muss immer wieder raus aus dem hotel, was tagsüber mit viel nässe verbunden is und später am abend auch mit überfällen. Ab 10 uhr abends muss das schloss aufgemacht werden, als hätt ich freigang vom knast. Irgendwie komm ich mir ziemlich blöd vor, ich zahl, um ein dach überm kopf zu haben und für die sicherheit, und hab beides nich. Wenn ich überfallen werd und das hotel oder den stat verklage, wird der richter sagen, ich war selber schuld, warum hab ich geraucht? Ein mensch, der von Europa nach Brasilien fliegt und zurück, war allein verantwortlich für die verwandlung von 500 litern kerosin in luftgift, und trotzdem, wenn das flugzeug abstürzt und die familie die fluggesellschaft verklagt, kommt kein richter auf die idee zu sagen, selber schuld, der fluggast war ein unverbesserlicher umweltbelasti! Wir essen tropenfrüchte, verbrauchen täglich atomstrom, fast alle unsere aktivitäten schaden der umwelt und unseren mitmenschen, aber „selber schuld" sind nur die smaukis. Naja, ich zieh zu einem benachbarten hotel um. Das kostet fast doppelt so viel, dafür bin ich unter brasilis, offensichtlich können sich die armen ausländis hier nur das billigste leisten.

Ich fahr bis nach Castanhal (/kast@'ñau/) mit dem buss, der näxten stadt ausserhalb Belém. Ich warte vor der Auto Elétrico do Negão, also offensichtlich eine autoelektrik-werkstatt, die dem „Groszen Neger" gehört. Keine frage, politische korektheit is ein wohlbekanntes phänomen in Brasilien, trotzdem gibt es genügend leute, die sie einfach ignorieren, und eine „Werkstatt des groszen farblich herausgeforderten menschen" wär schon etwas lächerlich.

Ziemlich bald hält ein auto an, ich bin erstaunt, wie leicht das geht. Vorne sitzen als beifahrerin ein schönes mädchen und als fahrer ein hässlicher mann, la belle et la bête. Eine lange fahrt is das nich. Samara und Antonio sind etwas erstaunt, als ich sie intervieuen will, stimmen aber zu.

Ich: „Was hast du früher gemacht, was machst du jetz?"

Samara: „Früher ging ich in die schule, jetz studier ich geschichte. Ich hab auch eine 8-monatige tochta und geh mit ihr in die uni. In den ferien arbeit ich in einem lotto-laden."

Ich: „Is das nich problematisch? Is das kind wenigstens ruhig im klassenzimmer?"

Samara: „Ja, sehr ruhig. Die professoren sagen, sie is die einzige, die aufpasst."

Ich: „Bist du verheiratet?"

Samara: „Nein, aber ich hab ein freund."

Ich zu Antonio: „Und was hast du beruflich gemacht, was machst du jetz?"

Antonio: „Mit 16 hab ich angefangen, in einem sägewerk zu arbeiten, danach hab ich angefangen, taxi zu fahren, und das mach ich bis heute."

Ich: „Taxifahrer? Is dieses auto etwa ein taxi?"

Faro: „Ja."

„Ach so ... also muss ich zahlen?"

„Schon."

Ich frag ihn, wie viel es kostet, es sind keine 5 euro für 50 kilometer, es is ein sammeltaxi und naja, wir haben das interview schon angefangen ... was soll das werden, gibts jetz überall in Brasilien sammeltaxis? Ich frage sie nach ihrer religion, er is katholik und geht zweimal im jahr in die kirche, ostern und weihnachten. Sie is deista. Was is sie, ateista? Nein, DEISTA. Was is denn das? Sie glaubt an Gott, „Deus" auf portugalian. Und is das eine neue religion, geht sie in irgendeine kirche? Nein, sie kommt aus einer evangelikalischen familie, geht aber nich in die kirche. Und fussball, spielt er fussball? Nein, er mag es nich, er is zu schlecht, oder wie man in Brasil sagt, er hat ein perna-de-pau, ein holzbein. Der lieblingssport dieses baums von einem mann war immer federball. Sie zu fragen scheint mir zeitverschwendung, ich frag sie trotzdem, und da schau, sie spielt futsal, was für „futebol de salao" steht, also hallenfussball. Tanzen tut er nich, sie schon. So is es bei den meisten brasilianern, frauen tanzen, männer nich. Und vermutlich is es auch so bei den meisten deutschen, österreichern, russen, canadiern ... Und samba? Samba is die musik aus Rio, die meisten brasilianer kennen es nur vom hörensagen.

Ich werd abgesetzt und nur 5 minuten später hält der kranfahrer Edilson an, der auch keinen fussball mag. Der näxte is der brummifahrer Terencio, aus dem staat Pernambuco (/pern@m'buk(u)/). Er sieht aus wie ein sehr dunkler weisser, die haare haben ein restblond. Vermutlich weil seine mamama, eine schwarza mit der farbe der schwarzen konsole, wie er das ausdrückt, eine affäre mit einem deutschen hatte. Der kam, produzierte mit ihr seine mam und verschwand wieder. Ob der deutsche aus Deutschland oder aus Brasilien war, weiss er nich mehr. Für fussball hatte er nie zeit, er war als kind ein schafhirte, und von samba hat er keine ahnung, er hört nur evangelikalische musik. Ich frag ihn, was er sich wünschen würde, wenn ein lampengeist ihm ein wunsch gewähren würde. Er sagt, er is wunschlos glücklich, und wenn er trotzdem ein wunsch äussern müsste, dann den, dass er Gott gehorcht, wie Gott es verdient. Wir bleiben stehen, ich überquere die bundestaatsgrenze zu fuss und erreiche Maranhão. Ich bin jetz im nordosten.

die hunda und die boa

Maranhão

Der nordosten is die ärmste region Brasiliens. Da kursiert der spruch, arme leute essen nur fleisch, wenn sie sich in die zunge beissen. Inzwischen is aber alles viel besser, die leute sind motorisiert, die autobahnen vermehren sich, die städte werden sauberer. Der nordosten hat immerhin eine ganz eigene kultur hervorgebracht, was man vom süden nich behaupten kann, wo vieles ein abklatsch von Europa is. Die leute haben alle möglichen farben, von blond bis pechschwarz, und formen – wirklich, es gibt leute mit gesichtszügen, bei denen man denkt, sie müssen von ausserirdischen abstammen. Die meisten sind jedenfalls braun, wobei man nie weiss, ob es von den genen oder der sonne is. Wenn man es unbedingt wissen will, kann man die leute bitten, die hose runterzulassen. Am hintern, der nie von der sonne beschienen wird, erkennt mans am besten. Wie schon die alten romis sagten, in culo veritas.

Die erste stadt nach der grenze heisst Gurupi, und da bleib ich im Hotel Shaloon. Die wirta Antonia erklärt, sie wollte ir hotel Shalom nennen, aber zuvile läden heissen heutzutage Shalom, also hat sie die schreibung etwas geändert. Klingt für mich wie eine mischung aus shalom und saloon, das war aber sicher nich in irem sinne, als fromme evangelikala, die nur evangelikalische musik hört und nie im leben getanzt hat. Dabei is es schon eine feine sache, wenn die körper miteinander kommunizieren und telepathieren und ihr theater präsentieren. Mit dem tanz lernen sich die körper kennen, und finden heraus, ob sie in den gleichen wellen schweben.

Ich will zu den indianis, hab auf einer karte gesehen, dass südlich von hier ein groszes reservat is. Ich frage mal Louro an der bar, der sich dauernd im wald rumtreibt. Das wort „louro" is ein altes wort für „loiro", das heisst blond. Louro is gar nich blond, sondern hat braune haut und schwarzes haar, war aber als kindi blond. Er mag den jungel, auch wenn nich alles immer glatt gelaufen is. Einmal wurd er von a jaguari verfolgt, kletterte auf einen baum, die jaguari wartete unten, und erst 20 stunden später, am näxten tag, wurd es die jaguari zu blöd und er ging davon. Ein andermal war er mit seinen 2 hundis unterwegs und plötzlich lag eine boa vor ihnen. Die hunda stürzte sich auf die boa, was vielleicht nich sehr weise war. Die boa rollte sich um die hunda und war dabei, sie zu püree zu machen, Louro zog an ihrem schwanz, bis sie von die hunda loslisz. Die schlangi schlang sich stattdessen um Louro und wollte ihn erdrücken, er wiederum hielt sie an der gurgel, konnte sie aber nich mit der machete töten, weil dazu müsste er eine der hände um ihren hals loslassen, wenn man von einem hals bei schlangis reden kann, und mit einer hand hätte er ihren kopf nich halten können. Die hunda war nich mehr zu gebrauchen, sie wusste inzwischen, was der enge kontakt zu einer boa bedeutet, und blieb auf distanz, der hundo biss dafür auf die boa so lange ein, bis die boa von Louro losliesz. Der dann die machete nahm und sie entzweite. Er häutete sie und brachte die haut in die stadt, damit die freundis ihm die geschichte glauben. Ich würde da meine hand ins feuer legen, Louro is ein original. Auch wenn er kein indian is.

Die eltern von Louro hatten 16 kinder, aber 2 sind tot, und einer taugt nich mehr.

„Taugt nich mehr? Is er ein krimineller?"

„Nein, er liegt nur noch im krankenhaus, an lauter apparaten angeschlossen."

„Was is ihm passiert?"

„Er hat vor jahren einen schuss im bauch gekriegt, er hatte praktisch keine blase mehr, die haben ihn operiert, nu hat sich das ganze gelöst, sie mussten ihn wieder operieren, aber er kommt aus dem spital nich mehr raus."

„Überfall, streit, oder was?"

„Na, ein typ hat ihn aus versehen angeschossen. Er hat gerade mit dem gewehr von meinem brudo gespielt, und ein schuss hat sich unerlaubterweise gelöst", sagt er.

„Und woran sind die 2 brudos gestorben?"

„Einer bei der geburt, der andere wurde erschossen."

„Überfall, streit oder was?"

„Nein, der typ, der auf ihn geschossen hat, hat es aus versehen getan, sagt er, er hat nur gespielt – das war übrigens mein gewehr – und dabei hat sich ein schuss gelöst und das hirn von meim brudo weggeblasen. Ich glaub nich, das er nur gespielt hat, der hat ja schon seine nichte angeschossen, und auch mein anderen bruder, der jetz im krankenhaus liegt."

„Und haben sie den dann verhaftet?"

„Ach was, beim ersten schuss war er 12 jahre alt. Der is vor einem oder zwei jahren volljährig geworden."

Louro hatte erklärt, wie ich nach Cocal komm, wo die indianer sind, aber die leute, die mich mitnehmen, sind da ganz anderer meinung, und ich gurke auf pisten den ganzen tag rum, bis ich nach Chega Tudo (/Sega tudu/) komm. Ich steig vor einem gemüseladen aus, da sitzt die junge Renata, die den laden schmeisst, und ein mototaxo – das is ein männlicher motorrad-taxifahrer. Sie bieten mir einen stuhl an. Nach Cocal soll es sehr weit sein, ausserdem sind da keine indianer. Unweit von Chega Tudo is schon indianerland, die holzfäller zahlen den indianern und dürfen bäume fällen. Is illegal, klar. Manchmal schauen die beamten von der umweltbehörde vorbei, dann gibts ein skandal und viel ärger. Aber die gehen ja wieder.

Wenn ich zu den indianern will, sollt ich nach Centro do Guilherme fahren, 2 oder 3 kilometer dahinter is ein indianerdorf. Das alles is aber noch weit, die sonne geht unter, ich bleibe lieber hier in Chega Tudo und plauder mal ein bisschen mit der gutgelaunten Renata.

Auch sie erzählt von einem tragischen fall in der familie: der mapapo lieh einem freund sein gewehr und bat ihn, das ding ungeladen zurückzubringen. Als der freund die waffe zurückbrachte, stellte der mapapo eine kerze unter das gewehr, blies in die röhre, um es sauber zu machen, der freund hatte aber vergessen, die kugel rauszunehmen, ein schuss löste sich und durchbohr sein mund und sein hirn. Ihre mam is adventista, der pap is katholik. Die eltern haben eine apotheke und der papo liesz nie zu, dass Renata freundinnen besuchte, geschweige denn männliche freunde. Sie liebt aber das theater und gründete mit mitschülern eine theatergruppe. Mit 19 lernte sie Alan kennen, der papo war mit der beziehung überhaupt nich einverstanden, weil der freund schwarz war, das heisst braun. Er stellte sie vor die wahl: sich von ihm zu trennen oder das haus zu verlassen. Sie verliesz das haus. Und is trotzdem gut gelaunt, oder vielleicht gerade deswegen.

Zu fusz geht hier keiner, obwohl man im schlimmsten fall kaum mehr als zwei oder drei kilometer laufen müsste. A par leute haben ein auto, die meisten haben motorräder und einige ein fahrrad. Manche motorradfahrer sind kaum 6 jahre alt, und ich weiss nich, wie sie das machen, wenn sie stehenbleiben müssen. Polizei gibts keine, is auch bessa so: hier war's schon mal gefährlich, vor allem polizisten ermordeten goldgräber, um an ihr gold zu kommen. Jetz sind die zeiten vorbei, und die leute schlafen mit offenen fenstern.

„Chega tudo" heisst so was wie „kommt-alles". Ich frage Renata, warum das städtchen so heisst. „Ja, weil nach Chega Tudo alles mögliche kommt, sogar du hast hergefunden!"

Mit dem auto fährt keiner nach Centro do Guilherme, in der regenzeit erst recht nich. Ich brauch über eine stunde, um a mototaxo zu finden, der bereit is, mich hinzufahren. Auch der Luís is evangelicaler. Auf der pista muss man dauernd durchs wasser fahren, manchmal kommt es bis an die knie. Wir kommen zu einer eingestürzten holzbrücke, das heisst, die mitte steht noch, aba die extremitaten nich mehr. A ziemlich abenteuerliche storia, die motorräder über dünnen brettern balancierend auf den mittelteil der brücke zu schieben, und dann auf der anderen seite wieda runter. Die motorrados helfen sich und alle haben es geschafft, da fällt mir ein, dás ich vor lauter schieben vergessen há, a foto von der accion zu machen. Ich bitte sie, a motorrad wieda zurückzuschieben, damit ich a foto machen kann, sie lachen aber alle nur.

In Guilherme erfahr ich, dás dás indianerdorf nich 2 oder 3 kilometer entfernt is, sondan 25. Dás darf ja nich wahr sein! Hin und zurück 50 kilometer! Jemand sagt, um dá interviews zu führen, braucht má die erlaubnis vom häuptling, und heute is er nich dá. Má rät mir, im restaurant weiter vorn indianer anzusprechen, die sind oft dá – sie commen in die stadt zum essen, einkaufen oder den puff zu besuchen. Ich wart a par stunden, spreche 3 indios an, alle weigern sich. Am ende reden die wirtin und ihre nichta Sabrina auf ein indio so lange ein, bis er einverstanden is, a curzes interview zu geben. Er is ziemlich jung, vielleicht 18, und fühlt sich offenbar wie bei a policei-befragung. Er wirkt störrisch, so als würd er gleich zurückschlagen, wenn nötig. Und sein portugiesisch is schwer verständlich. Ich weiss nich, wie ich dieses interview führen soll, ich weiss nur, dás wir nich normal plaudern können.

Ich: Wie is dein name?

Er: Guapurá.

Ich: Was bedeutet das?

Guapurá: Ja.

Wirta: Wie heisst das auf portugiesisch?

Guapurá: Is so.

Ich: Was machst du so im dorf?

Guapurá: Ich helf beim anbau, maniok. Und dann tová.

Ich: Tová? Was is dás?

Guapurá: Ja.

Ich: Jagt ihr auch?
Guapurá: Ja.
Ich: Wie viele leute leben im dorf?
Guapurá: Viele leute da.
Ich: Was esst ihr dort?
Guapurá: Äh?
Ich: Was esst ihr dort?
Guapurá: Äh?
Ich: Essen! Was? (dazu mimica)
Guapurá: Essen, né? Fleisch, né? Rehfleisch, wildschwein, schildkröte.
Ich: Und wenn du nich auf dem feld arbeitest, was machst du gern?
Guapurá: Ja.
Ich: Spielst du gern irgendwas?
Guapurá: Fussball.
Ich: Was hört ihr für musica?
Guapurá: Nein.
Wirta: Da gibt es keine electricidad.
Ich: Magst du dancen?
Guapurá: Nein.
Ich: Wie heisst euer stamm?
Guapurá: Äh?
Ich: Wie heisst ihr? Es gibt xavante, yanonami, caiapó – wie heisst ihr?
Guapurá: Xavante?
Ich: Wie is der name? Tupi? Du tupi?
Guapurá: Nein.
Ich: Xavante?
Guapurá: Nein.
Ich: Du was?
Guapurá: Capó.
Ich: Sprecht ihr alle portugiesisch dort?
Guapurá: Nein.
Wirta: Die frauen dürfen portugiesisch nich lernen. Warum lasst ihr die frauen nich portugiesisch lernen?

Guapurá: Nein.

Und so geht es weiter – a sehr digitales gespräch, mit ja- oder nein-antworten. Wenn in einem interviw linguistische barreiras existente sind, aba der wille von beiden seiten da is, sie zu überwinden, geht es meistens ganz gut. Leider is der wille nich so richtig vorhanden ... Ich müsste communicativere indios finden, die sich in beiden welten auskennen, dás würde aba tage dauern, und die hab ich nich. Es is comisch, dás sind die echten brasileiner, und má begegnet sich, als wer má von zwei völlig diversen planetas. Und eigentlich gibt es weniger indianer en Brasil als schwarze deutshis.

Fiel leichter als bei den capós wer es bei den caiapós, zumindest was die communicacion betrifft. Die sind welterfahren, die reichsten indios von Brasil, sie liefern gold und mahagoni an die ganze welt, legal oder auch illegal, fahren mit SUVs und fliegen mit privatflugzeugen rum.

Ribeiro & Renato nehmen mich mit, sie sind handelsvertreter für a grosze getränkelieferfirma. Sie fahren mich bis zur bundesstrasze, wo ich bei a bushaltestelle wart – ich will nich laufen, die sonne is in ihren letzten zügen. Ein omnibus hält, damit jemand aussteigt, der fährt nach Fortaleza. Wo fährst du hin, fragt der busfahrer. Richtung Teresina, aba ... „Komm, steig ein, platz gibts kein, aber ich kann dich vorne mitnehmen." Und ich muss nix zahlen, auch nich schlecht.

Die farer-cabine is vom rest getrennt, ich sitz auf der stufe neben ihm und er erzält, dás sein name Evandro Lima is. Er is ein dreissiger, wont en Belém, há weisse gesichtszüge, aber a dunklen teint und dunkle brille. Er wux mit den geschwistern auf bei der tanta, die nach seinen worten schlimmer als Hitler war, sie schlug ihn und seine geschwister die ganze zeit, und manchmal flüchteten sie, wurden aber immer wida gefunden.

Er hatte mehrere jobbs und 2 freundinnen, mit denen er 3 kinder hatte. Vor wenigen jahren hat er sich zum ersten mal verliebt. Er war der einzige kunde in einem internet-café en Santa Inês, wo er zeitweise wohnte, da kam plötzlich diese scharfe frau, superschön, wie a model, setzte sich neben ihn, ir computer ging aba nich und se fragte ihn, ob se sein compi curz benützen kann. Ja, clar, bitte bitte! Es dauerte länger als curz, er hatte keine problemas damit. Als se ging, tauschten se noch a par worte und er erfuhr, dás se zum gleichen fittness-studio geht wi er.

Ab dann ging er täglich ins fittness-studio. Se kam lange zeit nich, er wurde dafür musculöser. Und eines tages kam se doch, se plauderten und er hoffte, se wida zu sehen – nach irer telefonnummer traute er sich nich zu fragen, er is nach eigenen angaben ser schüchtern. Und so vergingen wida monate, bis se sich sahen, diesmal im internet-café. Diesmal nahm er seine ganze courage zusammen und fragte nach ihrer nummer. Beim abschied küsste er se und erwischte a bisschen von ihrem mund. Und entschuldigte sich gleich für die „dreistigkeit". Se antwortete, „Du hast mir a kuss gestohlen und ich geb ihn dir zurück", und küsste ihn am mund. Ser logisch war dás nich: wenn einer jemandem a kuss raubt, muss der geraubti den kuss nich zurückgeben, jedenfalls war es romantisch. Bis se sich wida san, vergingen wida monate, und als se sich wida zufällig trafen, fragte Juliana, warum er se nich angerufen hatte. Weil er blöderweise kein tag später den zettel verloren hatte. Diesmal tauschten se die telefonnummern, er verlor se nie wida, se zogen zusammen und wenn se nich gestorben sind, so leben se noch heute. Nur, dás ende war dás nich.

Juliana hatte a 10-jährige tochta und machte ir doctor en matemática. Er fuhr a reisebus und war selten zuhause, má muss dauernd en anderen städten übernachten. Se war unzufrieden und versuchte erstmal, ihn zum studium zu animaren, er há ja immer davon geträumt, jura zu studaren. Se könnte ihn die zeit aushalten. Er is aba zu stolz, er möchte en jedem fall auf den eigenen beinen stehen. Dann animierte se ihn, ein eigenes geschäft aufzumachen, und half ihm financiell, die coisa, also die chose ging leider en die hose. Er blieb fahrer, se hielt es auf dauer nich aus und se trennten sich. Klingt ja wi a geschichte aus „Anleitung zum Unglücklichsein" von Watzlawick. Sollte einen nich wundern, Evandros lieblingsautor is

Shakespeare, der mehr als eine tragédia schrieb. Evandro hat ihn sogar mehrfach recitiert. Juliana und Evandro sehen sich noch manchmal und blieben immerhin gute freunde.

Ich bin schon a par mal en einem onibus geträmpt, aba dás is dás erste mal, dás ich von a bussi (dás sind bussfaris) eingeladen werd. Se kriegen ir essen gratis und dürfen auch freunde miteinladen.

Als busso war er nur einmal em a brenzligen situacion. Der bus, den er fuhr, kam de Recife und fuhr richtung Belém. Em Santa Inês traf er auf ein onibus der selben firma, der die gleiche strecke em die umgekehrte richtung fuhr. Der busso vom anderen onibus klagte, die tür klemmt, und má kriegt se nur mit vielen tritten auf. Evandro bot an, die onibusse zu wexeln: nach Recife sind es noch 1.600 km, nach Belém nur 400, also is a defecte tür nich so schlimm. Se tauschten dás ganze gepäck und Evandro fuhr weiter nach Belém. Curz vor a brücke war a buckel, der onibus musste stark verlangsamen, und da kamen schon 5 typen und richteten ihre waffen auf Evandro. Er blieb stehen, machte dás licht an und legte beide hände hinterm kopf, um clar zu machen, dás er sich ergibt und kein widerstand leistet. Se forderten ihn auf, die tür aufzumachen, und dá fiel ihm ein, dás er blöderweise den onibus mit der defecta tür hatte. Wenn er aufgestanden und versucht hätte, die tür mit gewalt aufzumachen, könnten die räuber die accion als resistência verstehen und ihn erschieszen, also versuchte er mit worten und zeichen zu erklären, dás die tür klemmt. Einer der räuber, der direct vor dem onibus stand, verstand kein wort, verlor die geduld und schoss auf ihn. Er wich aus und wollte sich ducken, der schuss erwischte ihn an der stirn, glücklicherweise war es durch seine bewegung nur a streifschuss. Die kugel flog weiter, zerbrach die glaswand zur passagier-cabine, ging zwischen ein ehepar, dás em der ersten reihe schlief, und verlisz den onibus durch a fensterscheibe. Die rettung des ehepares war, dás se sich gestritten hatten und jeder der beidis sich zum schlafen möglichst weit vom anderen entfernte, und der schuss ging zwischen beiden. Die räuber schafften sich am ende zugang zum onibus, raubten alle aus und waren nich besonders sanft dabei. Se verlieszen den buss, da kam der andere fahrer, der ganz hinten geschlafen hatte, und bot Evandro an, zum näxten polícia-revier zu fahren. Evandro meinte, dás geht schon, und fuhr mit a streifschuss an der stirn und blutüberströmt zum revier.

Der stad Maranhão is einer der sichersten bundes-staden do Brasil. Dás klingt nach den ganzen historias vielleicht cinisch, is aba statistisch so. Pro 100.000 einwohner werden hier 11 menschis im jahr ermordet, em Hannover und Frankfurt, den gefährlichsten alemãs städten, sind es etwa 10 – die gefährlichste stadt em a sicheren land zu sein heisst nich fiel. Jedenfalls is Maranhão sicherer als San Pedro Sula em Honduras, wo's 159 morde gibt. Und fact is, dás die meisten fälle, von denen ich erzählt há, 5, 10 oder 20 jahre zurückliegen. Em vielen städten is es sicherer geworden, em anderen, wi Belém oder Fortaleza, há sich die situacion verschlimmert. Brasil gilt noch als a gefährliches land, nur: es war schon dás fünftgefährlichste land der welt, nu is es nur noch numer 30. Em den letzten 60 jahren há sich die populacion vervierfacht, in den 50er jahren lebten die meisten brasileiner auf dem land, heute leben 85 % em städten, also is die populacion städtischer als em den meisten europeis ländern. Brasil wurde a grosze industrienacion, und solche umwälzungen em der bevölkerungsstructura muss dás land noch verkraften und verdauen.

der onibus und die cavalaria
Ceará

Wir comem em Teresina, der capital von Piauí, um 3 uhr em der früh an. Um die uhrzeit a hotel zu finden, wird kein spass sein, da come grad ein onibus und fährt nach Fortaleza, wo ich a sicheren hafen há. Nix wi weg hier.

Im onibus meldet sich der fahrer, ab hier fährt er, sein nome is soundso, bestimmt auch Oliveira. Oder Silva. Er erklärt, wo die notausgänge sind, bittet uns, uns anzuschnallen – falls man ohne gurt bei a control erwischt wird, mousse má selber zahlen. Sicherheitsgurte sind keine schlechte ideia, und soltem den passageiros zur verfügung stehen, aba gleich pflicht – naja, má kann es übertreiben, und má tut es heutzutage gern.

Wi ao mit der kälte da climaanlage. Má glaubt má fährt em a kühlschrank. Der busso is so freundlich und dreht se auf meinem wunsch runter. Am morgen fährt man immer nó, nu im stado Ceará. En der gleichen reihe auf der anderen seite sitzt der fünfziger und hagere Miguel, hinter ihm die deutlich weniger hagere Cícera. Se reden miteinander und ich misch mich a bisschen ein. Beide sind handelsreisende, se kaufen im nordosten und verkaufen im norden, Miguel benützt dafür a laster, Cícera den onibus. Cícera is 38, ledige mam und wohnt bei den eltern. Der papo war handelsreisender, die 5 geschwistis sind handelsreisende. Miguel come bei 3 temas richtig em fahrt: 1) bei da critik an Lula (solte má hängen), 2) beim entusiasmo für die brasileinis economia, und 3) beim entusiasmo für Gott, Jesus und die Bíblia. Um jedes argumento zu unterstreichen mousse er die Bíblia rausholen und Cícera auffordern, a bestimmten verso vorzulesen. Se versucht immer wida, das tema zu wexeln, aba der mann is nich zu stoppen.

Er schimpft auf Lula, andererseits lobt er die macht der economia brasileira. Claro, má kann immer argumentar, der economia brasileira geht es gut TROTZ des gouverno. Is aba nich ser fair, wenn má das gouverno bei kränkelnder economia verantwortlich macht, und bei gesunder economia jeglichen zusammenhang zwischen gouverno und economia verneint.

Miguel is wortgewaltig und redet ser überzeugt und überzeugend. Wer nich besonders gut informad is, könnte glauben, er is besonders gut informad. Dabei is er a meister im halbwissen – übrigens a schönes alemã wort, selten em anderen sprachen zu finden. Miguel dociert, Alemanha is reich wegen Luther. Espania hat a schlimme crise, weil el espanhois católicos sind. Die zwei schönsten völker da welt sind die deutschen und die iren. Er redet von den americanas multis GM, Ford und Fiat. Dás beste is sein verständnis von geografia: die 4 länder Nordamerica, Mittelamerica, Südamerica und Lateinamerica bilden zusammen die Caribik.

Die cearenses, die einwohner vom stado Ceará (/sea'ra/), sind em Restbrasil als cabessa-chatas bekannt, plattköpfe. Má sieht tatsächlich a par leute mit a richtigen platten kopf, aba die meisten sind normal. Em Fortaleza bleibe ich bei freunden. Die bekommen besuch von einer regensburgerin, deren mann alemã wurst em Fortaleza herstellt und verkauft – dás alemão dabei is das verfahren, nich die proveniência. Einmal die woche fährt er mit seinem VW-bus zu a bestimmten platz und verkauft se dort. Is ziemlich popular em da região.

Wir besuchen Rita und Nunes. Am tor steht, „ACHTUNG, PITBULL ASSOCIAL!", drinnen sind die 3 freundlichsten promenadenmischungen, die ich je erlebt há. Se fürchten sich sogar vor der hauskatz. Beide (Rita und Nunes) sind fünfziger, Rita is hellhäutig, há blaue augen und graue haare, a feine frau, im guten sinne, Nunes is braun und comunicativo, auch im guten sinne. Se is de São Paulo, er de Bahia, kam aba mit 14 nach São Paulo.

Rita wurde als Maria Rita Pacheco de Canto e Castro geboren – a típico nome português, von der länge her. Nunes wurde als Natalino Nunes de Oliveira geboren. „Natalino" weil er am 25. dezembro geboren wurde, dás wort für weihnachten is im português „natal". Rita wiederum wurde an einem aschermittwoch geboren.

„Nunes" is eigentlich a teil des nachnamens, so wird er aba von jedem genannt. Die entscheidung, ob má die leute mit dem vor- oder nachnamen anredet oder mit a spitznamen, hängt nich vom respect oder distanz ab, má nimmt halt den nome, der am leichtesten is, oder die diferenciação leichter macht. Wenn einer João Yamada heisst, wird man ihn sicher Yamada nennen und nich João – es gibt fiel mehr Joãos als Yamadas. Wenn má Yamada ruft, vais er, dás er gemeint is.

Wenn einer Demóstenes da Silva heisst, nimmt má natürlich Demóstenes. Wenn einer José Brzyszcznichow heisst, ver man einerseits versucht, ihn Brzyszcznichow zu nennen, dás schaffen aba nich einmal die acrobatas consonânticos alemães, geschweige denn die brasileiros. Andererseits is José oder Zé zu allerweltlich, und am ende nennt man ihn vermutlich „Polaco", „Russo" oder „Alemão" – is ja sowieso alles einerlei. A propósito, beim tema „nome" fällt Rita ein, dás se 3 brudos kennt, die John Lennon, Michael Jackson und Elvis Presley heissen. Und ein amigo alemão erzählte mir von a família em Pernambuco, bei der die söhne Goering, Goebbels, Hess und Rommel hieszen – waren alle mulatinhos.

Nunes wurde zweimal überfallen und einmal festgenommen. Ansonsten passierte nich fiel: einmal machte er a curs em da luftwaffe, im central Parque D. Pedro, vou a gebäudecomplexo mit armee, luftwaffe und polícia militar steht. Er kam spät raus und sah, vi der letzte onibus kam, er rannte fürs leben. Dá waren einige typos von der berittenen polícia, se dachten, er ver a flüchtender dieb, also nahm die cavalaria im centro de São Paulo die jagd nach ihm auf. Am ende erwischten se ihn, er zeigte seinen ausweis von da luftwaffe und erklärte, dás er dort a curso macht. Ab dann waren se freundlich, fragten aba, wieso er so eilig wegrannte. Er erklärte, er wollte den letzten busão erwischen – der dá, der grade weggefahren is ... Da nahm die cavalaria die verfolgung des onibus auf, stoppte ihn und er wartete, bis Nunes einstig. Der busso fand es schon ziemlich dreist von Nunes, den busu von da cavalaria stoppen zu lassen.

Bei Rita vá alles ruhiger. Einmal vá se em New York, stieg fälschlicherweise em Harlem aus und wurde verfolgt, sonst is aba nie vás passiert. Nunes corrige, dá gab es dó die história im reisebüro. Ach ja, se volte a ticket em a reisebüro abholen, dás im 12. stock eines gebäudes vá. Als se ankam, klingelte se, dá vá a kleines fenster an der tür, dás sich öffnete. A gesicht erschien, hinter ihm lagen die leute am boden, se dachte, die machen irgendeine ginástica, tai-chi oder so. Die tür ging auf, und die räuber forderten se auf, reinzukommen und sich hinzulegen. Irgendwann wurde es ir zu blöd am boden und se fragte:

„Kann ich eine rauchen?“

„Ja, gut, aba dann vil ich auch eine!“

Se nahm sich 3 cigarros für sich und gab den resto do pacote den bandidos. Die sind dann frustrados gegangen, weil der mensch mit dem schlüssel für den safe nich dá vá. Naja, immerhin hatten se nu vás zum rauchen.

Sie ham sich vor 9 jaren kennengelernt, zwei jare später beschlossen sie, dem verkeer und dem lärm im zentrum von São Paulo zu entflin und kauften sich dises haus in eim vorort von Fortaleza. Das haus is normalgrosz, das grundstück hat 1.600 quadratmeter. Auf alle fälle is es hir vil leiser als im zentrum von São Paulo. Sie arbeitete im Turismusministerium, mochte es nich wegen der allgemeinen schlampigkeit und wurde vor kurzem mit vilen andris entlassen. Er hatte ein bistro, es ging aber so schlecht, das er nu als sicherheito in eim krankihaus arbeitet. Sie planen, nach Guaratinguetá zu zin, eim städtchen zwischen São Paulo und Rio. Sie müssen nur das haus verkaufen, was nich ganz leicht is. Nette leuti, die beidi.

Fortaleza wurde von den holandeses als Forte Schoonenborch gegründet. Vor 100 jahren va die stadt, vas die populaçao betrifft, die número 25 em Brasil, nu is se número 5. Die gemeinde há 2,5 miliões einwohner, Grosz-Fortaleza há 3,5 miliões. Turistas comem gerne hierher, darunter ao viele sexturis, vor allem italianos. Viele comem aber auch, um simplesmente hier zu wohnen, zum exemplo der wirt Fernando. A romano, der em Italia als policiale von a special-einheit die verquickung do governo und da mafia untersuchte und obendrein im Vaticano wohnte, mit a congolesa frau verheiratet va, deren onclo biscof und a persönlicher berato des papa Johannes Paul va. Da erfuhr er vieles, vas er gar nich erfahren volte, und va im dauernder lebensgefahr. Er hielt es nich aus, verschwand aus dem gefährlichen Italia und handelte dann mit gold und diamanti im Burundi, Sierra Leone und anderen schönen urlaubsländern, bis er am Amazonas landete. Ao das wurde ihm irgendwann zu heiss, er kam nach Fortaleza und machte a juwelierladen auf, wurde dauernd vom personal beklaut, bis er die schnauze voll hatte und aufgab. Nu hat er a frau, a kind, a kleine bar und seine ru.

Das governo macht viele campanhas, vor allem um die kinder-prostituição einzudämmen. Ma hört von den políticos, die campanha wirkt, aber ob se 1 % oder 90 % zurückgegangen is, sagt keiner. Viele brasileiros ham den eindruck, es wird alles nur schlimmer, vor allem weil die medien immer mehr über die criminalidäde berichten – es is practicamente die indústria do sensacionalismo. Vor wenigen jahren platzte sogar a scandalo von a sender, der morde em auftrag gab, um über se als erster zu berichten.

Sonst sind die schlagzeilen momentaneamente der processo contra a futebol-torwart, der angeblich seine freunda hat umbringen lassen, ein arzta, die angeblich die aparatos de pacientes hat ausschalten lassen, um rapido platz für neue zu machen. A neumama verklagt a hospital, weil es angeblich ir bebê ha verschwinden lassen – das hospital argumenta, se va nich wirklich schwanger, es va nur a psicosomatice schwangerschaft. Claro, se berichteten auch über den pferdefleischscandal em Alemanha, a scandal auf hohem nivel. Vär es kakerlak-fleisch, hätten die leute schon etwas lauter protestado.

Naturalmente kann man auf so a reise jeden abend im hotelzimmer, bei amigos oder an a bar die telenovela Salve Jorge verfolgen, a crimi, der in Brasil und em der Turquia spielt. Offensichtlich will die mächtige TV Globo auch den mercado turco erobern.

Ich treffe mich mit Josy und Valeria. Valeria schmeisst das Teatro de Dança Vatá, dança und teatro waren schon immer ihre leidenschaft. Josy hat im alter von 16 jahren bei Valeria angefangen, heutzutage is se geschichtenerzählerin, se unterrichtet sogar das geschichtenerzählen. Auch unis biten solche curse an, und Josy besucht congresse internacionais. Vas es nich alles gibt!

Valerias papo machte ein ausbildung als bibliotecario, wurde aba von a verwandten eingeladen, für die Aliança Francesa als handelsreisender zu arbeiten. Nein, das va kein instituto culturale francês, sondan a butique, die vorgab, ir artigos de France zu importar, dabei kamen die choises von den nachbarstädten. Er hatte erst a son und dann 4 tochtas. Eines tages hatte der son a cômiche alergie am fusz, der farmaceuta gab ihm a salbe mit, am näxten tag va der son tot – ma wusste nich, ob wegen der medicin oder der krankheit, weshalb ma den apoteker am leben lisz, wenigstens vorläufig. Den tod seines sones ha der papo nie richtig überwunden. Später zog er nach Manaus mit der familie, baute mit seinem brudo a grosze supermarktkette auf, wurde reich, kerte zurück nach Fortaleza und wurde wider arm. Oder jedenfalls ärmer, weil er fil em projecte culturais im Sertão investiu, die sich financeiramente selten lonten. Er liebte und schrib fil literatura de cordel, die kleinen hefte die ma zum verkauf an schnüren (cordel) hängt, und auch oft musikalisch vorträgt – übrigens ein überbleibsel vom mittelalter, das im nordosten do Brasil überlebt ha. Und er va a stadtbekannter schürzenjager. Als Valerias mama lera wurde, gab es ein abschlussball. Der papai hörte, da sind die schönsten mädas der stadt, ging hin, ma lisz ihn nich rein, irgendwie verschaffte er sich zugang. Die erste frau, mit der er dançou, va Valerias mam, und er flüsterte ir ins or, se wird seine frau sein. Se va schockiert – ausgerechnet frau von dem! Nu, 4 monate später waren se verheiratet und liebten sich heiss und innig ir leben lang. Der papai reiste durch die welt zum einkaufen, obwol er nich einmal português richtig konnte, geschweige denn andre sprachen. Er bestellte überall „um café!“, und wenn die amigos ihn fragten, ob er doch nich noch versuchen will, mal andre sprachen zu lernen, antwortete er nur, das es a quatsch is, fremde sprachen zu lernen – „café se chama café em todo lugar!“, also „kaffee heisst überall kaffee!“

Sowol Valeria vie auch Josy sind bissexuais, momentan sind beide mit andren fraun zusammen. Josy heisst eigentlich Josilene, der name kam zustande, weil der papai José hisz und die mama Leni. Den name der eltis zu combinar, machen die nordestinos, die einwonis des nordostens, gern. Manchmal die summierten names, manchmal die erste silbes dos 2 names, manchmal die erste do papai und die letzte da mama oder verkeert rum. Imaginie, das macht schole im Alemanha: die tochta von Torsten und Charlotte heisst dann Torte, die von Tomas und Renate heisst Tomate. Der son von Carla und Oskar heisst Caos, Christoph und Ilse nennen ire tochta Chrise, und noch schlimmer, Bettina und Klaus nennen ir armes kindi Bettlaus. Gut weg kommt nur der son von Astrid und Ronald, der wird zum Astronald!

Hitler is brasileiro

Fantasie bei da namensgebung is im Alemanha und generalmente im Europa verboten. War aba früher nich so, weshalb es personis gibt, die zum exemplo Nicole auf der Mauer oder Dieter Blasenbrey heissen. A masseur heisst Rudolf Geiler, a ginecólogo Otto Grosze-Beilage. Und sogar a chirurgo namens Dr. Fleischer gibt es – gen warscheinlich nich vili gern zu ihm, um sich operir zu lassen. Manchmal kann man a vornamen geben, der dann schön mit dem nachnamen combinie, zum exemplo Herta Ficken, Rosa Möslein, Edy Fröhlich-Wichser, Barbara Sollich-Vögele. Es is dificil zu imaginie, das sich die eltis dabei nix dachten.

Manchmal baut ma sich im Brasil aoch seinen witz mit bereits vorhandenen names, zum exemplo heisst a typo Rolando Caio da Rocha, 3 gewönliche names, die a ganzen satz ergeben: Rollend Fallich vom Felsen. Es wimmelt nur so von wichtigen leuten im land, von Darwins über Washingtons bis Lenins. A typo heisst sogar Sherlock Holmes da Silva, und es würd mich nich wundern, wenn er grade den Carabino Tiro Certo sucht, den „Karabino Richtiger Schuss“. Oder villeicht das opfer, die Frau Restos Mortais de Catarina, also „Sterbliche Überreste von Catarina". Der tati wird sicher a guten anwalt brauchen, wenigstens eini, der vas bewegen kann, und da würd ich Ernane Cacique de New York vorschlagen. Der mann is immerhin häuptling von New York, der flöße sicher respect ein. Mit dem telefonei ich sogar, a gutgelaunter menschi der keine probleme mit seinem namen ha. Er findet es gut, das die leuti seinen namen (und somit ihn) nich so schnell vergessen.

Mit dem name Céu Azul do Sol Poente könnt ich ganz gut leben. Das heisst nämlich „Blauer Himmel bei Untageender Sonn". Is ja gradezu poeticho. „Sete Chagas de Jesus e Salve a Pátria" vär mi widerum zu pateticho, das heisst „Die Sieben Wunden Jesu und Rette das Vaterland". Vor allem tut ma sich schwer, zu wissen, vas da vor- und vas nachnam is. Hisz es dann „Herr Vaterland" oder „Herr und Rette das Vaterland" oder vie? Ein andrer brasileiro heisst „Na Ida Na Vinda Na Volta Pereira" – „Beim Hingeen Beim Herkommen Beim Zurückkeren Birnbaum". Einer meiner lieblingsnamen is „José Casou de Calças Curtas" – José Heiratete mit Curte Hosen. Herrlich find ich aoch „Vicente Mais ou Menos de Souza", also Vinzenz Mer oder Weniger von Souza. Und einer heisst sogar Letsgo Daqui, das heisst eben „Gema wek von hir".

Im alemao telefônico buch ha ma bis vor curte keinen Hitler gefunden, nu findet man a Romano-Lukas Hitler, vermutlich ein auslandi, der inzwischen sein telefon wek schmiss oder vida wek von Deutshland ging (kein anschluss unter diz númmero). Im Brasil wimmelt es nur so von Hitlers – als vornam. Alein im São Paulo leben 23 von inen. Nu combinie der lesi sofort, ah ja, stimmt! Die nazis im Brasil, clar. Dabei sind Hitlers mit alemaes nachnamen gar nich existentes. El erst auf der liste is der Hitler Abdulah. Die meisten nachnamen von Hitlers sind italianos, dann portugueses, dazu a par arabes, franceses, japaneses. Specialmente putzig find ich Hitler Adolf de Luca und Hitler Mazuchi. Richtig hart find ich den name des eemaligen policia-chef der stadt Goiânia, im da nä de Brasília: er heisst Hitler Mussolini Pacheco. Bei dem ham sich el eltis sicher vas gedacht.

Wagner is ein ser geläufiger vornam in meim land. Walter aoch. Einmal fur ich in Minga (München) mit eim amigo, frisch de Brasil eingetroffen, zu eim andren amigo de mi, der Walter hisz. Irgendwann fragte der brasileiro im auto, ob diz Walter aoch alemao spricht. „Ja naturalmente, er is ein alemao!" „Ach so, gibt es aoch alemaes die Walter heissen?"

mapapapamapapapapapo
Rio Grande do Norte

Ich mach mich auf den weg nach Natal (/na'tau/), an der nordöstlichen spitze von Brasil, da wo's am näxten zu Africa und Europa is, vou die costa ein knick macht, von ost-südost nach süd-südwest. Natal is die capitale des kleinen und unscheinbaren stado Rio Grande do Norte (/hiu gr@nd du nort(i)/), der aba der wolhabendste im nordosten is. Das is hir die nordöstliche spitze Brasiliens – wenn du do Brasil aus nach Africa oder gar Europa willst, musst du hir losschwimmen. Die ham hir schöne strände, jede menge dünen, ma kann auf inen wilde buggie-turen machen und neuerdings importou ma camele aus der Sahara für camelturen auf den dünen. Ma kann allerlei sportarten betreiben, zum exempel ski-bunda, also arschski, das heisst ein tobogan auf dünen. Dann kann ma mit der tirolesa faren, ma wird vie ein lift von a höheren düne auf eim seil losgelassen und landet auf eim see mit dem arsch, wenn man als mann nich grade pech hat.

Wärend der hollandischen colonialepoche hisz Natal Nieuw Amsterdam, vie New York. Die stadt is etwas kleiner als Frankfurt, ha mindestens zenmal mer hochhäuser, dafür sind sie nich so hoch. Und das bankengeschäft hält sich in grenzen. Richtig hoch is die hängebrücke, die ma von überall sen kann.

Südlich de Natal liegt der strand Pirangi in der gemeinde Parnamirim, da stet ein park so grosz vie ein häuserblock. Die besonderheit von diz park is, das ein einziger baum da stet, der gröszte keschu-baum da welt, oder sagen wir es brasilian, caju-baum, oder ganz brasilian, cajueiro. Da kommt das wort „cashew“ her, aber el englisis können so was ja nich schreiben, und die alemaes übernemen diz unfähigkeit. Der baum hat ein trick gefunden, one gröszere conflicte mit da schwerkraft zu expandiren, er gräbt sein äst in die erd und sie kommen ein par meters weiter vorne vida raus. Also er missbraucht sie practicamente als wurzel. Ma kann nich nur die caju-kerne essen, sondan gewinnt auch öl daraus und die frucht kann ma zu marmelade verarbeiten. Auch wein kann ma davon machen, caju-wein. In der erntezeit trägt der baum angeblich 70.000 bis 80.000 fruchte.

Ich schaff es nach Acari (/aka'ri/), mitten im sertao. „Sertão“ is eigentlich ein abkürzu de „desertão“, also „grosze wüste“. Eigentlich die grosze savanne im hinterland des nordostens. Acari nennt sich die sauberste stadt Brasiliens, so sauber var sie aber gar nich, ich bin ein kilometer gelaufen und hab 4 (vir) papirfetzen auf der strade entdeckt. Von Acari far ich zur nachbarstadt Carnaúba dos Dantas (/karna'uba dus d@ntas/), also Carnaúba der Dantas-Familie. In dizer stadt heisst fast jedi Dantas, und die, die nich Dantas heissen, heissen Medeiros. Jede Dantas is aoch ein Medeiros, und jede Medeiros is aoch ein Dantas.

Ein kilometer ausserhalb der stadt stet auf eim hügel eine mittelalterlich anmutende burg. Das is ein zimlich bizarres bild, mitten in diser nordöstlichen halbwüste. Ich hatte gehört, da wont ein kauz mit vilen fraun, und nachdeem das TV da gewesen is, wollten ihn die behörde wegen poligamie belangen, weshalb er auf alles schieszt, das sich dem schloss nähert, aber ich hab den schloss-erbauer José Ronilson Dantas intervist und es is alles halb so wild. Er hat blaue augen, und wer blaue augen hat, kann doch einfach nich so auf andre leute schiszen. Er war früher blond, bevor seine hare, die in eim pferdeschwanz enden, grau wurden. Er hatte schon immer lange hare, als er jung war und der film „Jesus von Nazareth“

seine premiere in der stadt hatte, schauten ihn die freunde nach dem film an und –! Ja, das is der Jesus! Er schaute wie der schauspilo aus, der den Jesus spielte, weshalb er fortan den spitzname Jesus trug. Als practicirender crist sit sich er aber nich, eer als „innerlich religiös", der sich mit kristentum, buddhismus, tao und den gnostikern beschäftigt. Er glaubt jedenfalls, das wir vie H_2O sind, wir können uns im festen zustand vie eis befinden, aber auch als wasser oder dampf. Er glaubt an ein leben nach dem tod, sogar an ein tod nach dem tod. Und er hat vil empatie mit dem Judas, schliszlich hatte diso die schwirigste rolle zu spilen, one ihn hätte sich die profecia nich bewarheiten können.

Der Ronilson var von anfang an ein macher, mit 12 spielte er schon in einer bänd, spielte nachts in bars, hurte rum vie ein weltmeister, gründete bald seine eigene bänd und konnte als pubertiro gut davon leben. Er studierte und wurde sprengstoff-expert, wonte in ein dutzend städten und hatte in jedem hafen eine frau. Insgesamt hatte er 9 kindi von 5 fraun und trennte sich von inen, weil sie irgendwann zu eifersüchtig wurden. Einmal hatte er zwei söne im abstand von 5 tagen, und die waren alles andre als zwillingis. Ausserdem wollte er immer eine grosze villa baun, die keine ecken haben sollte. In eim film über El Cid sa er eine mittelalterliche burg, und da fil ihm der groschen: genau so vas wollte er haben! Und nu stet das ding da, mitten im Sertão.

Am ende der stadt stet ein berg, ein einzelbergle. Der heisst Monte do Galo, das heisst Hanberg. Oben stet eine kirche und, vie nich anders zu erwarten var, ein han, also die statue von eim han. Ich besuch auch den Helder Alexandre Medeiros de Macedo, der is leider nich da, dafür seine mam. Ich frag nach ihm, sie macht das tor auf und bittet mich herein, one das ich mich vorgestellt hätte. Vo erleebt ma schon so vas. Sie heisst Helenice, ir papo war ein mecanico, ein kauziger mecanico, der gern aus alten autos neue creacionen machte. Einmal machte er ein auto mit zwei vorderseiten. Das auto hatte kein licht, und abends fur er auf der landstrasze vor eim andren auto, um dessen licht auszunutzen – damals hat sich kein polizeiauto in die gegend verirrt, so gab es kein probleem. Einmal wartete er auf der landstrasze, bis ein farzeug kam, es var ein buss und er fur vor dem buss bis nach Acari. In Acari sind beid in der tankstelle sten gebliben, die busso sprach ihn an und meinte, er konnte es nich fassen, das er ein auto, das rückwärts fur, nich überholen konnte.

Helenice wird normalerweise „Nenê" genannt, also „Baby". Sie hatte 5 kind, und da ir vorname mit H anfängt und der ires mannes mit A, fingen alle erste vornamen der kindis mit H und die zweiten namen mit A an. So auch Helder Alexandre, der dann erscheint. Helder fing an, sich für die genealogie der familie mit 12 zu interessiren, und sein interesse hörte nie auf. Er befragte die wonis der stadt und der umgebu, schaute in die geburts- und heiratsurkunden der kirche und des standesamts. Er kennt die geschichte der familie bis ins 17. jarhundert in Portugal.

Der angebliche gründo (was Helder bezweifelt) der stadt Carnaúba dos Dantas hisz Caetano Dantas, und Helder weiss, das er sein pentavô war, das heisst sein vorfare in 5. generacion, aber auch sein hexavô (in 6. generacion), sein septavô (in 7.), sein octavô (in 8.), sein nonavô (in 9.) und sein decavô (in 10. generacion). Ich kannte dise wörter nich im portugalian, aber ma lernt nie aus. Und den armen deutshis bleibt nur der ausweg, das prefix ur- solange zu widerholen, bis ma dahinkommt, wo ma will. Nein, nach dem urgroszvater kommt der altvater, dann der altgroszvater, der alturgroszvater, dann der obervater, obergroszvater, oberurgroszvater, der groszvater in 10. generacion is der stammvater, danach kommt der stammgroszvater, etc. Aber wie vile deutshis wissen was davon?

Ma kann sich kaum vorstellen, wie jemand sein vorfari in verschidenen generacionen sein kann, aber es is eben so, das die leute 15 bis 25 kindi hatten, oft auch mer, weil die männer oft merere fraun hatten, und bis der lezte son geboren war, hatten die ersten längst kindis, das heisst, oft waren die neffos vil älter als die tantas, die nichtas vil älter als die onclos, und da alles in der familie blib, heirateten sie creuz und quer durch die generacionen, wenn sie überhaupt heirateten. Diser Caetano Dantas war also nich nur sein papamapapapo, sondern auch sein mapapapamapapapapapo, und natürlich noch viles dazwischen – er is zum beispil gleichzeitiger nachfaro eines mannes mit seiner ersten, zweiten und dritten frau. Um die verwandtschaft des grade verstorbenen burgimeisto der stadt, Valdemar de Medeiros mit Helder zu erläutern, muss ich noch ein begriff erklären, den des „primo carnal", des „fleischcousin". Das is der son von onclo und tanta, die beide biologisch verwandt sind. Das passiert wenn 2 brudos zwei schwestas heiraten, oder andersrum. Also der grade verstorbene Valdemar is der son vom fleischcousin der mama des papo der mama von Helder. Damit dise specielle constelacion clar wird, muss ma die primos carnais schriftlich und lautlich isoliren, indem man ein HA! hinzufügt. Das heisst, Valdemar is der mapamaha!mapadostaha!pason von Helder. Würde ma noch ein par umlaute hinzufügen, sähe das ganze recht suomiano (finnish) aus: mäpämähä!mäpädöstähä!päsön.

Das alles hat Helder im kopf, und ma könnte meinen, der menschi muss ein autisto sein. Is er aber nich, er is kaum 30 und grade zum uni-professor geworden, wobei so ein titel sicher kein beweis is dafür, das ma kein autist is. Er hat schon ein dutzend geschichtsbücher geschriben, und kann auch von vorfaris berichten, die auf indianijagd gingen. Die indianos wurden erschossen, die colonialmacht brauchte platz für die plantagen, die indianas wurden nach hause gebracht – fraun waren mangelware. Kein land hat eine saubere weste. Seit zwei jaren regnet es hir nich mer. Die sonn und ich ham uns getroffen. Ich kam vom norden und ge richtung süden, die sonne kam vom süden und get richtung norden. Hir is der breitengrad 6 süd, ich befinde mich in ihm und die sonne über ihm, das heisst, um 12 ur werf ich absolut kein schatten. Gut das sie nach norden get und ich nach süden, ich mag die sonne, ich mag sie ser sogar, aber allmälich bin ich schon gut durchgebraten.

libe is kein einfaches ding
Paraíba

Ich verlass die stadt und bin gleich in einem neuen stat, Paraíba. Mit „paraíba“ bezeichnet man im slang auch die wonis, und selten in eim positiven sinn – kann jemand bitte den namen des states ändern? Es is nich mer politisch korekt. Ich komm schnell zur zweitgröszten stadt im stat, Campina Grande. Von dort bis Caruaru (/karua'ru/) in Pernambuco nimmt mich der pernambucan Edson mit. Er is ein junge handelreiso und verkauft biozeugs. In seiner kindiheit is der papo nach São Paulo abgehaun, die mama ging auch irgendwann und lisz die kindis bei der mamam. Sie kam nach ein par jaren wider, wärend der papo nie den anschein seiner anmut widergab, wie man in Brasil sagt. Edson war eine zeitlang mit seiner ersten freunda zusammen, aber sie wurde immer eifersüchtiger und er hielt es nich mer aus. Er sagte ir, sie müssen ernsthaft miteinander reden. Anscheinend roch sie den braten und schlug vor, sie treffen sich in der nä eines abgrunds. Dort eröffnete er ir, das sie mal eine pause einlegen mussten, und für sie war clar, was das bedeutete. Sie lisz sich im abgrund fallen und er zog sie in letzter secunde zurück. Da er nich mit irem selbstmord hätte leben können, hat er die trennung erst mal ruhen lassen. Es wurde aber nich besser, sie war richtig paranoisch, wenn er ausging, und dann sagte er ir wider, dismal weit wek vom abgrund, es get nich so weiter, sie müssen sich trennen. OK, es war weit wek vom abgrund, aber sie hatte vorsichtshalber ein messer mitgenommen und drote, sich selbst zu entleiben. Wider musste er einlenken ... Einige zeit später zog sie mit der familie nach Mato Grosso im Mittelwesten um, und die trennung kam sozusagen auf natürliche weise. Die familie kam aber ab und zu zurück, um verwandte zu besuchen, und nach einer weile fingen sie an, sich wider zu treffen. Dismal schin sie vil abgeklärter und entschuldigte sich tausendmal für die schrecklichen szenen. Allmälich kamen sie wider ins geschäft, es war eine andre frau und er verliebte sich zum ersten mal richtig in sie. Sie beschlossen zu heiraten, hatten schon ein termin, und kurz vor der hochzeit rif sie ihn an. Sie hatte sich in ein arzt in der stadt verschaut, wo sie jetz wonte, und mit der hochzeit wird es wol nix. Er konnte es nich glauben, dachte, es is nur ein scherz, rif wider an, aber die frau hatte ire meinu nich geändert. Der neue freundo kam ans telefon und sagte, er soll sich eine andre frau suchen, weil die, die er will, kriegt er nich mer. Edson hörte auf zu essen, zu arbeiten und lag nur im bett. Er rappelte sich aber wider auf. Monate später rif sie an, er ging nich dran, sie rif immer wider an, bis er dran ging. Sie erzälte weinend, das sie schwanger geworden war, und als sie irem macko das erzälte, wollte er nix mer von ir wissen. Sie entschuldigte sich wider tausendmal, sie bereute zutiefst, das sie ihn verlassen hatte. Er wollte aber nix mer mit ir. Erstmal. Nu, die zeit is vergangen und allmälich lisz er sich doch weich klopfen. Er war bereit, wider mit ir zu bleiben und auch für das kind zu sorgen. Sie wollte wider nach Pernambuco kommen, kurz vor der hochzeit plagte er sich mit dem gedanken, wieso er dise frau heiraten sollte, die ihn ein tag vor der hochzeit im stich gelassen hatte. Wie kann er nur so blöd sein, ausgerechnet dise frau noch heiraten zu wollen? Nach wochen des haderns traf er el entscheid. Als sie ankam, sagte er ir, es is aus. Jare später heiratete er eine andre frau und hatte zwei kindi mit ir. Die andre frau ging zurück zum typo, der sie geschwängert hatte, und wenn sie nich gestorben sind, dann leben sie noch heute.

der kleine orangenverkäufer

In Caruaru, der zweitgröszten stadt des states Pernambuco, frir ich zum ersten mal in Brasil, ich muss am abend mein pulli anzin. Zum Äquator is es zwar nich weit, aber die stadt liegt 500 meter über dem meresspigel.

Irgendwo in der mitte von disem sertao liegt Caetés, die stadt, wo Luís geboren is. Seine biografie is nich ganz one: als seine eltis 8 kindi hatten (er war der 7.), sagte der papo, er get nach Guarujá, an der cüste in der nähe von São Paulo. Er wollte dort arbeiten, und nam die cusine der frau mit. Er arbeitete dort und machte mit der cusine ein dutzend kind. Ab und zu besuchte er seine alte familie und machte noch ein kind, und nam ein son mit. Der schrib dann mal an seine mama, das der papo sich nach ir sente. So verkaufte sie ire habseligkeiten und kam mit familie nach Guarujá, aber der papo freute sich gar nich, der son hatte gelogen. In der hütte wurde es zimlich eng mit 22 kind und 3 erwaxene.

Der papo war mit allem arschlöchig, mit den kindis der frau erst recht. Er kaufte den kindis der cusine eis, das verweigerte er den kindis der frau, weil sie „zu klein" waren, sie wissen noch nich, wie man eis isst. Luís musste im alter von 7 jaren orangen verkaufen, war aber a schlechte verkäufo, er war zu schüchtern. Der brudo meinte, er muss schrein, er weigerte sich aber. Die mama, die vil glauben und vil energie hatte, zog aus, bald nach São Paulo. Er arbeitete in einer wäscherei, dann als schuputzo und bürobote. Mit 14 fing er eine lere in einer schraubenfabrik an, verlor den kleinen finger, weil der kolege am schalthebel der presse eingeschlafen war. Er arbeitete in mereren fabriken, kam zur gewerkschaft des ABC, dem städten-conglomerat Santo André, São Bernardo, São Caetano, mit der sane der brasilianischen industrie. Er war schnell kleiner chef, bald vorsitzendo. Er war ser militantisch und organisierte die streiks im ABC, die hauptkopfschmerzen der regir, und so wurde der bärtige gewerkschafto unter dem spitznamen Lula brasil-weit bekannt. So lernte er auch den linken sociologo und politico Fernando Henrique Cardoso kennen, den FHC, die zusammen mit vil andris für die democratie cämpften. Fernando Henrique war ganz anders, a richtig intelectuello, der als junger mann Jean Paul Sartre in seiner brasil-tur begleitete und übersetzte. FHC hat wärend seim exil in vilen namhaften europan und USan universitäten unterrichtet. Er war solch en intelectuello, das er nich mal einmal reifen wexeln konnte.

Noch unter der letzten militär-regiru wurde Lula verhaftet, blib ein monat im knast und kam dann überraschenderweise frei, es sollten eigentlich 5 jare werden – offensichtlich hatten auch schon die richter die nase voll von den militärs.

Unter Figueiredo, dem letzten militär-präsidento, ging es mit der economie bergab – ein resultat aus vilen factoren. Das land war curz vorm bancrott, und die inflacion betrug bald 2000 % im jar. Brasil verfil in eine tife und lange depression, fil vom achten auf den dreizenten platz in der tabelle der gröszten volkswirtschaften.

Lula und FHC cämpften für die directen präsidentschaftswalen, sie gingen auf die straszen mit den massen. Die directen walen kamen trotzdem nich, aber immerhin gewann in der indirecten wal der oposicionscandidato Tancredo Neves, der leider vor dem amtsantritt an einer darmkrankheit verstarb. Übernommen hat sein vice José Sarney, der eigentlich vorher in der regir-partei war und ein repräsento der oligarchien. Das grosze probleem in Brasil war die inflacion, und irgendwann lisz Sarney die preise einfriren. Der schuss ging in die hose, bald waren die regale ler, und gebrauchte autos, ein kilometer gefaren, waren zenmal teurer als neue.

Lula candidierte als guverno von São Paulo und verlor. FHC candidierte als burgimeisto und verlor. Aber FHC wurde als populärste politico zum Senat gewält, Lula als populärste politico zur Abgeordnetencammer. Da baute er sein spitznamen Lula in sein bürgerlichen namen ein, weil bei den walen nich alle den bürgerlichen namen kannten, und im brasiliano pass kein platz für spitz- oder kunstinamen vorgeseen is. 1989 candidierte Lula zur präsidentschaft, der candidato der socialdemocratischen PSDB war ausgeschiden und es kam zur stichwal, in der FHC die lula-candidatur unterstützte. Trotzdem gewann der eer rechte Collor, mit vilen nich ganz sauberen tricks und der unterstützu der medien, vor allem von TV Globo.

Collor hatte versprochen, die „marajás“ (maharadschas) zu jagen, das heisst die korrupte politicos und funccionare, dabei hat er sich selber gut gen lassen, vil mer als erlaubt, und wurde vom amt durch ein impeachment gejagt. Übernommen hat sein vice Itamar Franco, der FHC den posten des aussenministers gab, und kurz darauf den posten des finanzminister. FHC schaffte das wunder, die inflacion zu stoppen. Bald waren walen, er kandidierte als präsident gegen Lula und gewann. Die ekonomie wux wider, auch wenn eer um die 5 % als um die 10 % wie in China oder India – als reicheres land lässt sich nich so schnell waxen, ausserdem war das waxtum ser kontroliert. Das motto lautete vil mer stabilität als waxtum, ma wollte nich wider auf die fresse fallen. Er brachte beweeg in den Mercosur, sozusagen die südamerican EU, und es wurde massiv in Brasil investiert. São Paulo war eine der teuersten städte der welt. Und FHC fing mit verschidenen socialen programmen an, um den armis aus irer armutsspirale zu helfen. Er erfand und gründete mechanismen, um investicionen in die richtigen kanäle zu bringen, bevor sie von bürokratie und korupcion zerfressen werden, und so wurden die investicionen „inteligenter“. Nach 4 jaren glaubte er, er war mit seiner arbeit nich fertig, leider verbot es die verfassu, das präsidentis länger als 4 jare im amt bliben, so musste er die Verfass ändern, und um eine genügende merheit im Kongress dazu zu bewegen, sagen manche stimmen, das es nich one schmiren ging. Das gesetz kam durch, er musste wider gegen Lula antreten, der zum dritten mal verlor.

Seine zweite amtszeit war deutlich turbulenter, er hatte mit zwei krisen zu kämpfen. Die erste kam vom ausland, wie eine grippe, die zweite von der angst, die beim kapital entstand, als klar wurde, das Lula der favorito war gegen den kandidato der PSDB, José Serra. Beide krisen wurden gemeistert, auch wenn nich one ein par kolateralschäden. Und normalerweise schleppt eine regiru bzw. partei allu mit, was nich nit- und nagelfest is, wenn sie sich von der macht verabschidet, dise nich: FHC organisierte noch eine transicionsregir, damit die neue regiru sozusagen eingeschult wird und die logistik übernemen kann.

Die gröszte kritiku der petistis (die lula-fäns) an FHC war die teilprivatisiru von groszen statsbetriben wie Petrobrás und Vale. FHC und seine PSDB argumentiren, dise firmas erwirtschaften nu 10 mal mer als früher, Petrobrás stand vor kurzem an 5. stelle der firmas mit dem grószten profit weltweit. Genau, sagen die petistis, und das könnte alles dem brasiliano stat und volk gehören! Die PSDB argumentiert natürlich, die firmas wären nie so grosz und eficient geworden, wären sie rein statlich, und so kann der stat vil mer steuern einnemen. Kann ma so oder so sen. Wenigstens in der telefonie war das von vorteil für die brasilis: vorher hat ma 5 oder 10 jare für a telefonleitu bezalt, insgesamt 4.000 oder 5.000 dollar, und musste dann oft 5 jare warten, bis ma sie bekommen hat. Es war kaum anders als autokaufen im Ostblock. Heute is das mit der telefonie nich anders als in Alemanha. Am anfang seiner regiru gab es 15 milionen telefonanschlüsse, wenige jare später waren es 50 milionen, und es waren nur nich mer, weil 250 milionen händis im umlauf sind – für 200 milionen wonis.

Lula schnürte die socialprogramme der vorgängi-regir in einem einzigen paket zusammen und verkaufte es als eigene erfind, dabei kannte ma das schon längst in Europa – klar, das programm war an Brasil adaptiert, aber es is nix wirklich neues. Dabei hatte er die socialprogramme in der oposition als „almosen-politik“, „stimmenkauf-politik“ bezeichnet. So is es, wenn man oposicion is. So oder so, aus dem schlechten orangenverkäufo wurde ein ser guter präsident. Er hatte natürlich glück mit der weltkonjunktur, die asis (asiaten) ham geld, hunger und kaufen, was ma zu verkaufen hat. Aber ma kann sein glück ausnützen oder nich, und ich hab den eindruck, selten ham regirungen ir glück so gut ausgenützt.

Wenn was in seiner regiru nich gut lif, erklärte es Lula mit dem „verdammten erbe“ der vorgängi-regir und iren vorgängiregirungen. Von FHC möchte Lula nix wissen. Könnte gut sein, das er ihm das übel genommen hat, das er erstens gegen Lula angetreten is, zweitens das er gewonnen hat, und drittens das er die politik machte, die Lula als ersti machen wollte. Lula hätte vermutlich unabhängig von FHC eine gute, sociale regirung gemacht, und die masse der armen sit ihn als groszen held, und trotzdem: informiertere leute wissen, das nich er, sondern FHC das grundgerüst für das neue Brasil aufgestellt hat. Aber dank Lula is dises neue Brasil in der welt bekannt geworden, und dank ihm darf ein ausländische jurnalist über das land schreiben, one den ocean aus elend zu erwänen, was vor wenigen jaren noch als cynismus gegolten hätte.

Lula hatte mit mereren problemen zu kämpfen: erstens die protestu des linken flügels der partei, der Lula als verräto sa und teilweise die partei verlisz, dann die tatsache, das sie über keine absolute merheit im Kongress verfügen, so das sie korupten politikis monatlich zalten, damit dise für die projekte der regirung stimmten, im schema das als „mensalao" (grosze monatszalung) bekannt wurde – auch wenn manche analysten meinen, den mensalao hat es nie gegeben und is nur eine intrige der oposicion, des mächtigen anti-lula-establishments. Lula büszte einigu von seiner popularität damals ein, später wurde das von den petisten vergessen, aber sicher nich von den anti-petisten.

Die mittlere und obere mittelklasse wirft ihm felende bildung vor, und tatsächlich ging er als kind nur ein par jare in die schule, aber für mich bezeugt das nur, das der mensch grips haben muss: wie vile milionen brasilis ham ein unidiplom und schaffen es trotzdem nich, präsident zu werden, und dabei noch eine gute figur zu machen? Ganz zu schweigen von seiner willenskraft – dreimal verliren und trotzdem noch mal versuchen! Und sich überhaupt noch als kandidat durchsetzen, is ja enorm!

Zwei linke partein mit änlichen zilen, die realpolitik triben, mit dem kapital kooperierten und trotzdem ire socialen programme durchboxten. Ma könnte meinen, die müssten sich gut versteen, aber noch nie war die polarisirung in der bevölkerung so grosz.

Lula schlug Dilma Rousseff als seine nachfolgerin vor, und sie gewann gegen den kandidaten der PSDB, José Serra, wie auch gegen die grüne evangelikale Marina Silva. Dilma stammt von bulgaren ab, hat schon in der guerilla – bei der verwalt und organisacion, irer stärke – mitgemacht, wofür sie auch schon im knast wärend der militärregirung sasz. Sie bekleidete später merere politische posten, der letzte war als kabinettschefin in der regirung Lula. Sie verfolgt eine politik der kontinuität, will aber im gegensatz zu Lula möglichst wenig kontakt zu weltparias wie Chavez und Ahmadinejad. Sie hat nich den karisma von Lula, is aber eine gute verwalterin und anscheinend auch eine gute politikerin. Da sie ganz normal studiert hat, sich nich so aufplustert wie Lula und nich dauernd die armenkarte zit, bitet sie den anti-petisten weniger angriffsfläche und wird auch nich so gehasst wie Lula. Sowol er wie auch Dilma hatten krebs, beide hams bis dato überlebt.

FHC wurde in einer internet-umfrage der britischen zeitschrift Prospect als einer der 100 wichtigsten intelektuellen der welt gewält. Persönlich find ich FHC und seine socialdemokratische partei eleganter, er sprach nie so despektirlich über sein nachgänger wie Lula über sein vorfolger. Es is auch nachvollzibar: Lula war jarzentelang der schreckgespenst des establishments und auch der mittelklasse. Ma tat lange zeit alles, um ihn in seim onehin dornigen weg zu behindern. Lula repräsentiert das braune, arme Brasil, das jarhundertelang nie zum zug kam, das wekräumen musste, nachdem das weisse Brasil gegessen hat. Dises braune Brasil sa zum ersten mal eine chance, an der macht teilzuhaben, und das weisse Brasil der mittelklassen war entsetzt. Warscheinlich war auch in den USA der rassismus nie so stark, wie als die schwarzen ire menschenrechte beanspruchten. Und diser hass der weissen mittelklasse verursacht natürlich gegenhass und befremd. FHC hat viles für die armen getan, aber er war nie einer von inen. Ein bisschen so, wie wenn ich brasilianer im ausland treff, die vermutlich arm waren und jetz untere mittelschicht: ich begrüsze die leute freundlich als meinesgleichen, wie schön, das ma sich als brasilianer im ausland trifft! Und da merk ich, das sie mich nich als iresgleichen sen. Weil sie ir leben lang nich von den weissen als iresgleichen geseen wurden.

Robin Hood

Pernambuco

Ich komm in Recife an, der hauptstadt von Pernambuco. Sie war noch vor 50 jaren die drittgröszte stadt Brasiliens, jetz is sie nur noch die neuntgröszte. Grosz-Recife is aber immer noch der fünftgröszte ballungsraum, mit 3,7 milionen einwonern. Sie wurde von den nederlandis mit dem namen Mauritsstad gegründet. Deshalb is sie auch voller kanäle und wird das Venedig Brasiliens genannt. Ma kann beide städte trotzdem nich vergleichen, die kanäle sind heutzutage nich so richtig aromatisch und keiner möchte mit dem bot da rumfaren. Recife war die hauptstadt Nederlandisch-Brasiliens, hir blüte die kultur. Nu, irgendwann ham die portugalis die nederlandis rausgeekelt. Die stadt hat schöne strände, leider is die kriminalität zimlich hoch, die virthöchste unter den brasilianischen bundesstatshauptstädten, dafür wird es allmälich besser.

An einer tankstelle sprech ich eine frau an, und zum ersten mal nimmt mich auf diser reise eine frau mit. Vera hat keine probleme, ein interviu zu geben. Sie is aus Sergipe, dem übernäxten stat. Ir mapapo kam aus der mitte von Pernambuco, die mamama kam aus Sergipe (/ser'Zip(i)/). Der mapapo war räuber, die mamama räuberin. Dessen papo hisz Zé Ferreira, er hatte ein bauernhof, genauso wie der nachbar Zé Saturnino. Zé Ferreira hatte 5 sons und 3 tochta. Der dritte son, Veras mapapo, hisz Virgulino. Er half dem papo im bauernhof und arbeitete als kurir, er holte mit dem esel waren an der endstacion der Great Western Ban in Arcoverde ab und verteilte sie in den dörfern, wo die leute sie bestellt hatten. Einmal war eine ware verschwunden, die familie von Zé Ferreira war sich sicher, das der räuber ein angestellter von Zé Saturnino war, und beschwerte sich bei ihm, der zog es aber vor, dem angestellten zu glauben, das er es nich war. Und da nam das unglück sein lauf: ma stal ein par kuglocken von Saturnino, der dann noch mer kuglocken von Zé Ferreira nam, am ende lockte ma sich gegenseitig in hinterhälte und schoss aufeinander. Da Zé Ferreira ein ser friedlicher mensch war, zog er liber in ein andren stat, blib erstmal bei eim freund. Zé Saturnino kannte aber policeileute überall und hetzte die lokale policei auf Zé Ferreira. Eigentlich wollte ma den son des gastgebers liquidiren, angeblich ein übeltäter, da ma Virgulinos papo im haus aber auch vorfand, wurde er ebenfalls erschossen. Fast gleichzeitig is die mam an einer herzkrankheit gestorben. Die sonos schworen rache für den tod des papo und schlossen sich einer cangaceiro-bande an. Cangaceiros waren räuber, die im nordosten durch die gegend zogen. Nach einer lesart töteten und plünderten sie, nach der eigenen baten sie um die unterstützung der begüterten leute, die freiwillig halfen oder manchmal auch weniger freiwillig. Virgulino avancierte schnell zur rechten hand des Sinhô Pereira, des chefs der bande. Der wurde irgendwann seines cangaceiro-leben überdrüssig und verschwand nach Goiás. So wurde Virgulino bandenchef.

Also zog ma durch den ganzen nordosten und bat bei den reichen leuten um unterstützung für munition und verpflegung der bande. Die war dauernd in schiszerein mit den männern von Zé Saturnino, mit der policei, mit dem militär involviert. Mit denen ging ma nich besonders sanft um, wenn ma sie gefangen genommen hatte. Ansonsten veranstaltete ma grosze partys, wo auch vil getanzt wurde, und ma verteilte manchmal etwas geld an die bevölkerung, was ihm den rum eines Robin Hood des nordostens einbrachte.

Virgulino konnte lesen und schreiben, was zu der zeit in der gegend schon eine ausname war. Und er war handwerklich geschickt, er näte seine kleidung selbst, pflegte die angeschossenen kumpel und er frisierte sein gewehr so, das er vil mer schüsse hintereinander abgeben konnte als normale sterbliche. Da der lauf seines gewehres den eindruck machte, als käme ununterbrochen feuer raus, nannte man ihn Lampião, also „lampion“, „leuchte“. Er durchquerte mit seiner bande 7 bundesstaten im nordosten, und wurde zum berümtesten und berüchtigsten banditen Brasiliens.

Immer wider verlor er männer, darunter 2 brudo. Als er 33 war, kamen sie zum dorf Malhada da Caiçara, in Sergipe. Dort wollte Lampiao für seine mannen neue sandalen machen lassen. Die hälfte der männer sollte dabei die sandalen normal „vorwärts“ tragen, die andre hälfte sandalen, wo die vordere seite der sole nach hinten zeigte, so konnten ire verfolger nie wissen, in welche richtung die bande sich fortbewegte. Sie gingen zum schuster, und wärend sie warteten, lernte Lampião Maria, die frau des schusters, kennen. Sie war, wie man in Brasil sagt, eine macho-frau, also eine resolute, mutige frau, sie träumte vom groszen abenteuer, und ir mann, ein schuster, war nich grade dazu prädestiniert. Sie verschaute sich sofort in Lampião, und normalerweise hat Lampião die fraun der andren respektiert, dismal wurde er aber schwach, sie zogen zusammen von dannen und ham sich nie wider getrennt. Der schuster verlor die frau, dafür machte er ein gutes geschäft mit den vilen sandalen.

Da Lampião nix dagegen hatte, mit einer frau in der bande durch die gegend zu zin, ham sich andre cangaceiros auch weiber in die gruppe geholt. Die fraun bliben aber normalerweise im hintergrund, sie waren nich an den überfällen und schiszerein beteiligt, mit ausname von Maria. Maria wurde in Maria Bonita umgetauft, weil sie so schön war. Wenigstens für Lampião, und keiner kam auf den gedanken, einer andren meinung zu sein. Sie bekamen mal ein kind, eine tochta. Das war Expedita, die mama von Vera, mit der ich grade sprech. Expedita wurde eim befreundeten bauerneepar zur pflege gegeben – das leben, das sie fürten, war nich grade ideal für ein kleinkind.

Lampião hatte den grünen star an eim auge, weshalb er immer ein taschentuch bei sich trug, um die tränen wekzuwischen. Eines tages beschloss er, das auge entfernen zu lassen. Er ging unter andrem namen zu eim arzt, der die arbeit verrichtete – ob mit oder one anästesie, is unbekannt, Lampião dürfte aber nich ser gelitten haben, er hatte immer eine flasche gude deutshe snaps bei sich. Nach getaner arbeit lisz Lampião ein zettel ligen, in dem er dem arzt eröffnete, das diser dem berümten Lampião das auge ausgestochen hatte.

Es ging so weiter mit raubüberfällen und engen kontakten mit polizei und militär. 1938 befanden sie sich in einer höle in Sergipe, der Grota do Anjico. Normalerweise hatten sie ire „coiteiros“, also unterstützende bauern, informanten und aussenposten, die mit schüssen alarm schlugen, sobald sich polizei oder militär näherte, aber in diser höle fülten sie sich sicher, und ma get davon aus, das einer der aussenposten nich nur kein schuss abgegeben hat, als er es tun sollte, sondern die polizei genau informierte, wo sich die bande befand. Im morgengraun kam die truppe zur höle und schoss mit 4 maschinengeweren los. Virgulino war einer der ersten, die filen, er erwischte ein schuss in der stirn und war sofort tot, Maria Bonita wurde verletzt, versteckte sich in der höle, wurde gefunden und erwürgt. Wenige cangaceiros entkamen. Die polizisten schnitten die köpfe der toten ab, um sie als trofäen in den städten zu zeigen. Sie wurden dann in eim museum in Salvador (/sauva'dor/) ausgestellt. Ein ordentliches begräbnis hatten sie lange danach, die köpfe kamen noch später dazu.

Wenn ma bedenkt, das die coronéis, also die groszgrundbesitzer, ire arbeiter oft wie sklaven behandelten, feinde ermorden liszen, sogar von der polizei, dann waren die cangaceiros gar nich so übel – wenigstens nich schlechter als die „coronéis“ selbst. Sie verteilten oft geld an die arme bevölkerung, ein bisschen vileicht aus selbstlosigkeit, aber auch ein bisschen, um ire unterstützung zu bewaren. Von Lampiao werden vile grausame taten berichtet, Vera aber glaubt kaum daran – zeugen dafür, sagt sie, fand sie nie. Und sie hat danach gesucht, sie hat ja ir leben dem zil gewidmet, das image ires mapapo zu reinigen.

mit dem didgeridoo wie in India
Sergipe

Gott sei dank muss ich in Alagoas nich trampen, wir faren ja durch. Alagoas is der zweitkleinste staat und der gefärlichste. Sergipe wiederum is noch kleiner als Alagoas, dafür der wolhabendste oder zweitwolhabendste staat im nordosten, je nach statistik, und einer der sichersten in Brasil. Aracaju, die hauptstadt, hat schöne, gepflegte strände, is eine saubere, relativ wolhabende stadt: ein kraftfarzeug pro 3 einwoner, wie z.b. Saudi Arabia. Trotzdem is es die bundesstaatshauptstadt mit den verhältnismäszig meisten farradwegen der republik. Ich bleib im Aju Hostel e Pousada, das eine junge familie aus São Paulo betreibt. Das wort „Pousada" is übrigens relativ neu in diesem sinne. Als ich das land verlassen hab, gab es „hotel" und „pensao", aber „pensao" hatte allmälich ein beigeschmack von spelunke und ma fing an, das wort „pousada", also „ruhestätte", zu benutzen. Wirklich ser nett, das Aju, wie auch der strand selbst, mit vielen kneipen und restaurants. Da stet eine grosze outdoor-werbung über das bier „Devassa". Das wort „bier" is weiblich auf portugalian, und „devassa" heisst „die sündige, die verdorbene". Das etikett ziert die zeichnung einer nackten, sich räkelnden frau. Das bier schmeckt gut.

Im hostel lern ich Leandro kennen, der auch Pagé genannt wird. „Pagé" heisst medizinmann in der indianischen sprache tupi-guarani. Der Pagé is ein turi, kommt aus Belo Horizonte, Minas Gerais. Er hat ein auto und färt mich überall in der stadt rum. Unter anderem faren wir zu einer bar am ufer, wo ma manchmal im trockenen sitzt und manchmal im nassen, je nachdem ob flut oder ebbe im fluss herrscht. Pagé is dunkelweiss von der hautfarbe her, vom geist zimlich helle. Ich suche manche sachen stundenlang im netz, er findet sie in sekunden. Klar, besser zu sein als ich in computersachen is keine grosze leistung, aber auch in der „analogen“ welt hat er immer gleich eine lösung parat. Und obwol er erst seit einer woche hier is, färt er durch die gegend, als wär er hier geboren. In Aracaju denk ich mir, ich bin anderhalb monate in Brasil und hab immer noch keine caipirinha getrunken, kein einziges mal eine cachaça – die zeiten ändern sich wirklich in diesem land! Cachaça ist der brasileinische schnaps, wobei dás wort auch einfach für „schnaps“ steht, also auch a deutscher obstler is a cachaça, wi auch schnaps nich nur a deutschen schnaps bezeichnet. Ich mach mal selber eine caipirinha – klar, Pagé ha schon eine flasche schnaps parat. Aber wir brauchen noch limonen, zucker und eis. Wir geen in ein supermarkt und trennen uns, um danach zu suchen. Nach einer minute denk ich mir, so wie ich den typen kenn, wird er das zeug vor mir finden, und kaum hab ich das ausgegedacht, kommt er mit allen sachen in der hand daher.

Wir geen im Restaurant Caçarola essen, auf einer terrasse direkt am markt, mit blick zum fluss. Auch ein „comida por kilo“, ein essen pro kilo, wo ma sich an eim büffee das nimmt, was ma mag, und den teller dann wiegen lässt. Das büffee is reichhaltig und ziemlich gut, da wird z.b. camarao de cueca angeboten, „shrimps in unterhose“, das heisst (in dem fall) in kokosmilch. Oder galinha de mulher parida, das hun der frischgebackenen mam, das is ein hun in zitronensosze. Exotisch is der camarao da barra, shrimps mit käse, ananas, banane und mango, dazu eine leicht pikante ananas-gelee. Als eis-dessert bieten sie „moça virgem“ (jungfrau) an, das is tapioca-eis mit flambierter banane, „amor perfeito“ (vollkommene liebe), tapioca-eis mit erdbeersosze plus schokoladenstücke und -sosze, und „véia fogosa“ (die feurige oma), (schon wider) tapioca-eis mit apfelstücken und einer sosze aus roten früchten. Pagé macht sich schon sein reim darauf: die jungfrau hat die vollkommene liebe entdeckt und wurde dann zu einer feurigen oma. Ein typ vom nachbartisch gibt uns den tipp: ma glaube oder nich, aber die feurige alte is die beste! Wir nemen trotzdem die jungfrau. Die flambierte, bitte.

Von den leuten, die ich im Couchsurfing angeschrieben hatte, meldet sich Eduardo Peruka und lädt mich ein, bei ihm zu bleiben. Pagé färt mich hin. Eduardo wont mit eim freund, Rato (Ratte), in eim kleinen haus mit 3 eer kleinen zimmern. Beide sind lütiee bzw luthiers, also leute, die lauten und andere streichinstrumente machen und reparieren. Peruka hat ein etwas ausgemergeltes gesicht, ein bisschen so wie a jung, eer hellhäutige indische guru. Bei meiner ankunft wird noch eine kippe geraucht, jetz is das zeug aus, aber kein problem: Pagé, den ich für ein „sauberen", eer spiszigen typen gehalten hab, holt ein joint so grosz wie ein baseball-schläger aus seim auto. Rato beginnt an einem australiano didgeridoo zu spielen, das er selber gebaut hat, Peruka spielt an einer vase, die er als schlagzeug benutzt, man is gleich in trance und befindet sich irgendwo mitten in el indische hinterland. Gut, ma könnte sich auch unter aborigenes irgendwo mitten in Australia fülen. Jedenfalls „pra lá de Bagdad", also „jenseits Bagdad". Das heisst in Brasilien komplett besoffen, stoned oder geistig völlig woanders. Kann natürlich auch einfach ser weit heissen, zum beispiel könnte ein brasili sagen, Mexico is jenseits Bagdad – eben ser weit, vor allem wenn ma zu fusz unterwegs is.

Eduardo Peruka heisst so, weil er bis zum zwölften lebensjahr glatte haare hatte, dann schnitt er sie ganz kurz und danach bekam er krause haare. Es sah aus, als hätte er eine perücke drauf. Sein berufsleben fing er als bürobote im Landtag an, dann war er mechanikergehilfe in einer werkstatt, danach wurde er taxifarer. Als er Rato kennenlernte, lernte er, musikinstrumente zu baun und zu restaurieren. Meistens instrumente, die's nur im nordosten gibt, manchmal auch aus ganz anderen ländern.

Inzwischen is Paula dazu gekommen, eine blondine – ich mein eine echte, weil blondierte frauen gibt es im nordosten wie sand am meer. Sie is in einer hippie-komune aufgewaxen, ihre kindheit verbrachte sie damit, auf bäume zu klettern, die Vedas zu lernen, zu meditiren und astralreisen zu machen. Irgendwann trennten sich die eltern, die stark esoterisch angehauchte mama bandelte mit eim polizisten an und die neuformierte familie kam nach Aracaju. Paula hat eine kleine butik.

Peruka sieht wie ein hell indo aus, Rato wie ein dunkler. Weisse gesichtszüge, aber ziemlich dunkel. Sein bürgerlicher name is André Luís Carvalho Tunes, er stammt teilweise von portugalis ab, und er glaubt, die kamen ursprünglich aus Tunisie. Sein papo hat fast jede frau vernascht, die sich in seim weg stellte, und wenn ausserirdische frauen die gegend besucht hätten, hätte er sie sicher auch vernascht. Einmal bandelte er mit der tochta des guvernörs von Bahia an, der sehr darüber verärgert war. Ratos papo kam dann mal in seine stammbar, und da er ein geselliger typ war, sprach er ein fremden an, sie unterhielten sich stundenlang und freundeten sich an. Der fremde eröffnete ihm am ende des abends, das er vom guvernör angeheuert worden war, um ihn umzubringen. Er lisz es dann gut sein, ging zurück nach Bahia und erzählte dem guvernör, das er den zu ermordenden nich gefunden hatte.

Die familiengründung hat sich eher unabsichtlich ergeben: der (spätere) papo war dabei, eine frau zu entjungfernen, hatte am bett ein paar silberne pillen, und die frau fragte ihn, was das für pillen sind. Das waren pillen gegen eine schweinebandwurm-infekzion, das zuzugestehen war ihm sehr peinlich und er antwortete lieber, es sind neuartige antibaby-pillen aus Deutschland, pillen für männer. Er wiederum sah pillen in ihrer tasche und fragte danach. Sie sagte, es waren auch antibaby-pillen, weil es ihr peinlich war, zu erzählen, das sie gegen irgendwelche würmer waren. Und so baute jeder darauf, das der andere gegen das kinderkriegen geschützt war. Das ergebnis sah ma 9 monate später, das war Ratos brudo. Rato hat noch zwei lebende vorfahren, die oma und den papai. Der papo is 83 jahre alt, die oma 87, wobei ihre baterie schon ziemlich schwächelt, wie Rato sagt. Das heisst natürlich nich, das die oma ihren son im alter von 4 jahren bekam: die oma is die mama von der mam, also die mamama, und der papo war eben viel älter als die mam. Und 4 jahre jünger als die fraumam, das heisst die schwigermutter.

Rato is schreiner und lüthiee, und er zeigt mir eine kora und eine harfe aus Ghana, die er selber gebaut hat. Ich frag ihn dann, ob er schon in Ghana war, um zu lernen, wie ma iese instrumente baut. Er antwortet, er hat alles vom internet. Rato erzählt später noch, das er eine fliegende untertasse gesehen hat, nich als ein lichtlein im himmel, sondern als richtige fliegende untertasse. Also kein UFO, weil das ein unidentifiziertes fliegendes objekt is, und er hat es klar identifizieren können. Wir sind aber alle müde und gehen ins bett – er soll es morgen erzählen. Paula und Peruka verschwinden in sein zimmer, Rato in seines und ich schlaf im wohnzimmer. Das haus hat zwar selbstverständlich ein dach, aber keine decke, das heisst, die wand hört irgendwann auf und die zimmer sind kommunizierende röhren. Die frau stöhnt laut und ununterbrochen, das is wahrlich kein quickie, Gott sei dank haben auch longies irgendwann ein ende, irgendwann geben die beiden ruhe und alle können schlafen.

Am näxten morgen fährt Rato früh weg, und Pagé informiert mich, das er gleich nach Belo Horizonte zurückfährt. So eine fahrt is für ein tramper gold wert, er kann mich bis Vitória da Conquista (/vi'tOria da kon'kista/) in Südbahia mitnehmen, das sind immerhin 700 kilometer. Er holt mich ab und ab geht es in den süden.

Davor besuchen wir noch den Parque dos Falcões, den Falkenpark. Der hat hunderte von falken, adlern, eulen und anderen groszen vögeln. Das is kein park mit einer hundertschaft von pflegern und sicherheitsleuten, man wird direkt vom groszen star empfangen, der José Percílio heisst. Zé bekam als 7-jähriger ein groszes ei als geschenk. Er lisz das ei von einer henne ausbrüten. Es dauerte lange, bis was passierte, die mama sagte dem sohn, er soll das zeug endlich wegwerfen, er weigerte sich, und irgendwann is doch ein falkenküken entschlupft. Das war sein bester freund und später hatte er mehrere freunde, und sie hatten alle flügel. Es wurde zu seiner leidenschaft. Er hatte immer mehr vögel um sich, bis daraus ein park wurde, der einzige falkenpark, der vom

IBAMA, der umweltbehörde, erlaubt wird, und mit dem sie auch zusammen arbeitet. Hier werden verletzte vögel hergebracht, um behandelt zu werden. Zé Percílio hat offensichtlich ein sprachfehler, wenn er mit menschen spricht, und es is nich leicht, ihn zu versteen, dafür verstehen ihn die vögel problemlos. Und er natürlich sie, auch wenn sie kein sprachfehler haben.

Rato hatte noch den tipp gegeben, bei einem typen im sertao vorbeizufahren, der eine bergmine in seinem haus hat, ein riesenloch in seinem wohnzimmer, 100 meter tief – sagt er zumindest. Da grabt er seit jahren und hat schon alles mögliche gefunden, gold inklusive. Der hat einen einzigen zahn und trinkt einen schnaps, eine cachassa mit einer schlange drin – tot natürlich. Jeder gast muss das zeug trinken, wenn er als gast bei ihm aufgenommen werden will, und sei es für 10 minuten. Rato erzählt, es war das härteste kulinarische erlebnis, das er je hatte. Die mine scheint eine interessante geschichte zu sein, aber weder Pagé noch ich sind scharf auf den schlangenschnaps.

der opa der oper macht
Bahia

Bahia is der südlichste und gröszte bundesstaat im nordosten. Der gouvernör heisst Jaques Wagner, ein jude, der warscheinlich nix gegen Wagner hat, zumindest nich gegen den namen. Die hauptstadt Salvador war in der kolonialzeit die hauptstadt Brasiliens, is heute die drittgröszte gemeinde des landes und hat den siebtgröszten ballungsraum mit 3,5 milionen einwohnern. Es is die hauptstadt mit der gröszten schwarzen bevölkerung. Ich weiss nich, ob es solche schilder noch gibt, es gab aber ziemlich originelle straszenschilder in der stadt, zum beispiel stand bei bahnüberquerungen das schild „Pass auf, der zug is stärker!" Hier is auch die hauptstadt der afrobrasilianischen religionen umbanda und candomblé – sozusagen voodoo auf brasilianich. Und die hauptstadt der capoeira, der mischung aus tanz und kampf. Wobei ein brasilianischer freund mir einmal in Deutschland vertraute: „Jetz bin ich schon 3 jare in Deutschland und hab immer noch nich capoeira gelernt.

An jeder ecke steht eine bahiana mit ihrem langen weissen kleid und macht acarajé, das sind kroketten aus bohnen und krabben, im dendê-öl gebraten, wonach es in der ganzen stadt riecht – nich jeder verträgt den geruch, auch vielen südbrasilis wird es irgendwann mal übel davon.

Aber weder Pagé noch ich wollen uns in der groszstadt stressen, wir fahren schnurstracks in den süden. Irgendwann frag ich Pagé, der sport studiert hat und den ich für einen menschen der „geração saúde", der gesundheitsgenerazion, gehalten hab, was sein lieblingsessen is. Er antwortet, schweinskotelett mit feijao tropeiro, das heisst bohnen mit würsten, dazu torresmo, also grosze geröstete speckwürfel – alles light bitte. Eine wichtige bedingung is, das das ganze von seiner oma zubereitet wird.

Wir erreichen Jequié (/Zeki'E/) und beschlieszen hier zu übernachten. Wir gehen was essen, sitzen auf der terrasse, gegenüber auf der verkehrsinsel is ein trailer-kiosk mit stühlen. Keiner is da, dann setzt sich ein mädel mit einer gitarre hin und fängt an, wie eine berserkerin zu spielen und zu singen. Das muss ich fotografieren, ich geh mal rüber und will sie fragen ob das mit dem fotografieren OK is.

„Sag mal, ich schreib ein buch über Brasilien und ..."

„Setz dich doch", sagt sie einladend, als hätte sie gerade eine fee gesehen.

„Also wie gesagt, ich schreib ein buch über Brasilien und ..."

„Zahlst du uns einen wein? Wir können mal einen joint rauchen und dann gehen wir einen wein trinken!"

„Ja, eigentlich haben wir schon was geraucht, und ..."

„Jetz sei doch kein spielverderber, mann, komm wir machen das!"

„OK, wir können schon was organisieren, wir könnten auch ein intervieu machen, aber jetz wär erstmal die frage, ob ich dich fotog…"

So leicht wird es nich, meine frage zu vervollständigen, irgendwann fängt sie wieder an zu singen und ich mach die fotos, ohne sie zu fragen. Dann organisieren wir einen wein und sie setzt sich zu uns. Flavia Luz („Flavia Licht") hat grosze augen, is braun, schön, hat lange krause haare – eine urgroszmama war sklavin und hielt noch den schirm für madam. Das mädel is dauernd „a mil", auf tausend, das heisst auf tausend stundenkilometer, wenn jemand aufgedreht is, nich aufhören kann zu denken, nich weiss, wo er mit seiner energie hin soll. Sie mag ihre groszeltern, vorfahren im allgemeinen und überhaupt mag sie alte leute und würde gerontologin werden, wenn ma nich die ganze scheisse entsorgen müsste. Vom mapapo weiss sie nix und weiss keiner was, die mamama hat viel gesoffen und die mama blieb so ihrem schicksal überlassen und wurde von familienmitglied zu familienmitglied rüber gereicht und oft misshandelt. So war die mam immer schockiert, wenn die tochta Flavia besoffen nach hause kam. Also wurde die mam evangelikalisch, die schwesta geht sogar zur Universellen Kirche, der papo war intelligent und blieb ein ateist, berichtet sie. Flavia hat nix gegen die religionen, sie waren doch nützlich für die völker, für die sie kreiert wurden, aber besser is das christentum wahrlich nich – Mahatma Gandhi war kein christ und trotzdem ein groszartiger mensch, nich wahr? Und der Kaiser Constantinus, war der nich ein christ und ein arschloch? Ganz zu schweigen von David, eigentlich ein mörder, der von Gott so geliebt wurde!

Als sie 9 war, haben sich die eltern getrennt. Das war kein spass, beide kämpften mit harten bandagen, um die zwei tochta zu behalten. Die mama warnte, wenn sie bei ihm bleiben, werden sie auch so versoffen wie er, der papo warnte, wenn sie bei ihr bleiben, werden sie noch so fromm wie sie!

Sie orientierte sich lieber nach Nietzsche, der immer gerne den satz zitierte, „bleibe, wer du bist". Das war aber dann in der schule nix gutes, sie hatte sehr schlechte noten, und zu allem überfluss hat sie sich in die portugiesisch-lehrerin verschaut. Mann, war das ein heisser hase! Die noten haben sich nach einigen jahren gebessert, auch wenn sie viele jahre in psychiatrischer behandlung blieb. Die sexuelle orientierung blieb dieselbe. Wie sie's selber ausdrückt, sie liebt mösen, sie sind die krönung der schöpfung. Tja, das wird nix mit uns beiden heute abend, so was hab ich nich zu bieten.

Wir gehen noch ein wein am busbahnhof holen und setzen uns im kleinen park direkt davor. Der park is menschenleer, bald aber kommt ein virziger und fragt, ob wir eine zigarette für ihn haben. Wir geben ihm eine zigarette, er setzt sich auf dem geländer gegenüber und versucht mit uns zu reden. Flavia erklärt ihm wie einem kind, dass wir ein intervieu führen, er geht dann, kommt aber ein paar minuten später wieder, setzt sich wieder hin, ohne uns anzusprechen. Er schaut irgendwie komisch, hat glasige augen. Flavia sagt, sie hat erfahrung mit solchen typen, sie arbeitet ja täglich mit ihnen. Da sie mir vorher gesagt hat, dass sie in einem junkie-heim für crack-süchtige arbeitet, wird mir klar, was sie meint. Ein paar minuten später kommt noch einer und fragt, ob ich 2 real für ein schnäpschen hab. Hm, na gut, heute hab ich noch nix gegeben, kann ich auch mal was geben. Der geht wieder, ein paar minuten später kommen 2 typen und fragen, ob ich auch für sie ein schnäpschen zahlen kann. Hey hey, das wird jetz hier ungemütlich, plötzlich sind insgesamt 5 typen da, und wir gehen. Wir müssen durch die gruppe, und auf der anderen straszenseite, vor dem busbahnhof, check ich meinen rucksack ob mir nix geklaut wurde, und tatsächlich is die maus von meinem laptop weg. Wir schauen rüber, und einer von denen, dem ich das geld verweigert hatte, streitet sich mit den anderen. Er holt sich die maus vom räuber und bringt sie mir. Und bittet mich dann, die 2 real für einen schnaps zu geben, immerhin hat er meine maus gerettet. Vielleicht war das alles nur inszeniert, aber nu ja, ich hab meine maus wieder und geb ihm doch noch die 2 real. Die crackies sind jetz alle im kleinen bahnhof verteilt, irgendwie wirken sie wie auf tausend. Flavia meint, wir sollen geschwind verschwinden, und wenn sie das sagt und sie eine expertin is, will ich mit ihr nich diskutieren. Wir machen uns aus dem staub, ich werd ziemlich aufgeregt, mein gott, im rucksack is der laptop und mein smartphone mit dem ganzen buchprojekt, wenn ich das alles verlier, bin ich nich mehr glücklich! Wir gehen vorne raus, die pension is direkt hinterm bahnhof und wir müssen um das bahnhofsgelände laufen. Als wir ankommen, kommen die crackies – von der andren seite. Wir läuten hektisch, der rezeptionist macht auf. Ich will rein, natürlich mit Flavia, er will sie nich reinlassen. Das sieht wie prostitution aus, wir erklären, das wir von den crackies verfolgt werden, schau, da sind sie ja! Der wachmann weigert sich trotzdem. Ich bin bereit, für sie ein zimmer zu zahlen, is wahrlich nich teuer, der mann bleibt aber stur wie ein japaner. Ja, verdammt noch mal, was machen wir jetz? Flavia meint, sie geht jetz nach hause, nein, du kannst doch jetz nich alleine nach hause gehen, bei den ganzen typen, ach was, das is gleich um die ecke, ich kann sie aber nich allein in dieser situation lassen. Also geh ich mal kurz rein, lass meinen rucksack und alles, was etwas wert is, im zimmer, wir rennen dann rüber zum busbahnhof, die crackies hinter uns her, wir steigen in ein taxi, das 2 oder 3 blocks fährt, sie bei der freundin rauslässt und mich zurückbringt.

Am näxten tag gehts weiter nach Vitória da Conquista. Ich möchte den troubadour Elomar interviewen, eine ikone der blumenmacht-generation. Die musik, die er macht, klingt für mich wie eine mischung aus traditionellem Sertão-liedgut mit renaissance bzw. mittelalter-musik, was aber kein allzu groszer widerspruch ist, irgendwie hat die musik im Sertão einiges vom europäischen mittelalter konserviert, vielleicht weil es da so trocken ist und nicht vom wasser zersetzt oder weggespült wird. Ich hab seine adresse, ich fahr hin, es is ein groszes haus hinter einer hohen mauer, wie die meisten häuser in Brasilien, und klingel. Sein sohn macht die tür auf und informiert mich, dass er nich da is, sondern in seinem Casa dos Carneiros, seinem Haus der Schafe, das is sein bauernhof mit konzerthalle. Am besten sollte ich seine agentin kontaktieren, die kann ihn dann kontaktieren und eventuell ein interview arrangieren. Ich ruf die frau an, sie sagt, das is ein schwieriges unterfangen, er gibt seit 20 jahren kein Interview mehr. Ich soll ihr eine e-mail schicken und genauestens erklären, was mein projekt ist und was ich von ihm will.

Immerhin bin ich inzwischen von der sonne so entfernt, das ich mich nicht mit der hitze auseinandersetzen muss – das wetter ist einfach so ideal, dass man es vergisst. Ich frage meine freundin und ex-agentin Clara in São Paulo, die ihn kennt, ob sie eine idee hat, was ich in dem fall tun kann. Ich soll versuchen, den Chiquinho zu finden, einen verrückten kerl, der nicht nur drogen aller art consumiert, sondern sie auch seinen thieren verabreicht. Chiquinho ist noch deutlich älter als Elomar, aber beide kennen sich, der könnte etwas arrangieren – finden thu ich ihn in der kneipe gleich an der nächsten straszenecke. „Kneipe an der nächsten straszenecke? In was für einer zeit lebst du denn, Clara?" – während ich auf die unterhaltung mit Elomar wartete, graste ich die ganze gegend ab, da steht ein Citroen-Händler, ein Mitsubishi-Händler und ein Volkswagen-Händler, daneben ein hypermarkt – die einzige gastronomische einrichtung ist eine lanchonete mit öco-erzeugnissen. Das wort „lanchonete" kommt übrigens von „lanche", dieses wort kommt wiederum vom englischen „lunch", es steht jedoch nicht für mittagessen, sondern für brotzeit. Lanchonetes sind also eine art bistro, wo üblicherweise sehr weiche brötchen angeboten werden, die gleichzeitig mit bouletten, eiern, speck, salat, usw belegt werden, doch ich nehme an, in diesem fall ist sogar der speck aus soja. Und die eckkneipen, was ist mit denen? In Deutschland beklaget man, die eckkneipen sind dabei zu verschwinden, nicht zuletzt wegen des rauchverbodts, in Brasilien sind sie bereits verschwunden. Na guth, ich schaue mich wieder mal in der gegend um. Und klingele bei der gelegenheit wieder bei Elomar, auf gut glück. Diesmal is er da. Er ist mitte 70, machet dennoch einen vitalen eindruck. Er trägt einen kuhhirtenhuth, hat schulterlange, graue haare. Da er von portugiesischen neuchristen, also altjuden stammt, hat er durchdringend blaue augen – oder wie war das nochmal? Egal, er wiederholet die vermittlerin: er beantwortet keine fragen von journalistas seit 20 jahren, die haben ihn sehr enttäuschet und erzählen viele lügen. Nachdem ich ihm aber erzähle, dass ich nicht für eine zeitung schreibe, sondern ein buch, und dass ich in Teutschland lebe, beginnen wir ein gespräch uber musick, und wir verstehen uns, derowegen er mir ercläret, er habe einiges rundt um die stadt zu erledigen, und fraget mich, ob ich ihn nicht begleiten möchte – wir muessen ja kein intervue fuehren, wir können ja einfach so miteinander reden. In seinem fahrzeug schaltet er das musikgerät an, und die cabine füllet sich mit göttlicher gregorianischen musick aus Portugal. Ich bin derogestalt uberweltiget, dass ich fast beginne, an den Allmächtigen zu glauben, zumindest solange ich die musick höre.

Elomar begann, sich gar frühe fuer musick zu interessieren, seine ersten compositionen erstellte er im zardten alter von 11 jaren. Spether belegte er das studium der architectur und lebete fortan als architect. Sein interesse galt jedoch weiterhinn der musick, er besuchete des abends locale, wo musick gespiellet ward, und er spiellete mit. Das machte er gar insgeheim, dar seine sippe nicht davon erfahren solte – musicker zu seyn war gleichbedeutend mit dem beruf der landstreicher und wegelagerer. Trozdem ward musick zunehmend zur mitte seines lebens – die poesia kam einige jahre später darzu, als er sich immer mehr von den propheten, schriftstellern und dichtern aus dem Sertão, aus dem volke der israeliten, aus Griechenland, Rom, Rusland, Teutschland, Spanien inspiriren lies.

Elomar hatte bereits das alter von 40 jahren erreicht, als er begann, uber die lande zu ziehen und in concerthäusern und theatern zu musiciren, sein name ward im gantzen land bekand. Schon damals componirte er opern, verkauffen wolte er vor allem seine arien. Nun, „arien“ klangen nach oper, das volk der brasilianer sey leider reichlich ignorant und wandete sich angekelt davon. Erst als er seyne werke „chansons" nannte, waren die leute bereyt, sie zu kauffen. Elomar verfolgete jedoch die idee, disem volk auß nichtwissenden mores zu leren und ire augen für die wunderbare welt der oper zu öffnen. Und er schaffte es auch: die concertsele sind voll, und die meisten zuschauer gehoeren nicht zum bildungsbuergerthum. Die erstvorfuerungen sind in der regel in seynem eygenen theater, in der Casa dos Carneiros. Seyn erstes grosses werk his „Fantasia leiga para um rio seco" – laienphantasia für eynen trockenen flus. Ueberhaubt handelen seyne werke vom leidtvollen weg des menschen, vor allem des „sertanês", wie er den menschen im Sertão nennt, und dessen bezihung zum Schoepffer.

Ja, Elomar ist religiös. Auff die frage, welcher religion er angehoert, antwortet er, „protestantischer calvinist!". Selbstverstandlich get er nicht yn die kirche, das ist etwas fuer das eynfache volk. Vnnd seyne sprache hat vile alte woerter, wie auch immer wider neue creationen. Tzum beispil ertzelet er, das er lange zeitt ein „ananota" war: so wie ein analphabet jemandt ist, der dess alphabets nicht mechtigk ist, ist ein ananot ein mensch, der keine noten lesen oder schreiben kan. Er spricht auch gerne „facebook" als fa-sse-bo-ock aus, und Nietzsche nennet er njetts-ke. Auf seiner webseite stet „porteira" statt „portal" – „porteira" heisset „gatter".

Selbstredend gab er schon vile concerti in Europa. Ich frâge ihn, welchen eindruk er von den lendern hatte. Er antwortet mit einer gêgenfrâge – ob ich weiss, welches das europeische land is, das die sauberste weste hat. Puh, ist relatîv... mueste ein kleines land sein – die Switz? Ah was, sâget er, die Switz ist nihts anderes als eine pufmutter, si kan kein geld mer mit îrer arbeit verdînen, also bewâret si das geld der anderen huren. Das land mit der subersten weste ist Diutschland, es hat practisch keine coloniâle vergangenheit. Der einzige schoenheitsfêler war das mit dên juden, âber naja, kein volk ist volkommen. Dafuer buessen die diutschen bis hiute, si haben keine intelligentsia mer. Jedenfalls ist es das land mit seinem lîblingspublicum.

Was meinet sô ein exoticus mensch zuo Lula? Eine catastrophe! Diu arman werdan zuo snel rîh, daz kan doh niht guot sein! Daz ist sô wi mit einem boum, zuo êrst mus der stam grôs werdan, dan kunan diu este koman – waz sol daz fir einen boum werdan, wenn die este vor dêm stam wahsan? Daz hatte ih noh niht gehoert, daz ein politicus critisirt wird, weil die armen mer geld haben. Elomar ist, wi er sâgat, ein irreparablar antagonistischer dissident sîner contemporaneitaet. Und er arbeitet tâg und naht, er hat es zimlih eilig: es gibet noh immens fîl zuo tuon, und sîn âbend nât. Bî der ruekkêr lädt er mih noh zum essan ein in sînem haus, und ih lerne sîn vrouwe, sîne erwahsene kindar und friunde des hausis kenan. Ales ganz net, abar ih mus almälih weiter in dên sueden ziohan. Ich habe auch noch einiges zuo erlêdigan.

In Canavieiras (/kanavi'eras/) an der cueste besûh ih Susanne, Guido unti Lucas, Guido hôlet mih mit sînam buggie ab. Diu sind diutisce, also richtige diutisce auz Diutiscland, diu bi mir eine DVD fan mînem film besteleten unti darbî mih einlûden, mâl forbî zuo scauan. Susanne ist diu vrauw, Guido der man unti Lucas der cnabo. Diu haban hîr ein stuc land auf einer langan insil gecaufit und fermîtan a par zimer fuer urlauber, in der regula auz Mitteleuropa.

Sie wônen in a dopelstoeckigen haus, daneben stêt a haus mit der cueche, und etwas weiter entfernt a haus mit zwa wônungen zuo fermieten. Auf dem einstoeckigen haus haben sie eine art halbrunden torm gebaut, mit a net eingerichteten zimer und einer grôssen terrasse mit blic aufs maer. Dar bleib ich. Schoni ist dabei, daz es hier aschenbecheri gibt, daz hab ich schon seit langer zeit nicht mehr gesehen.

Auf dem ersten blic sind Susanne und Guido ganz normale leute, er is von beruf physicus und hat jahrelang als IT-berater fur grôsse firmae gearbeitet, sie arbeitete in einer siechenhausapotheke. Deutschland ferlassen haben sie, weil sie nach fast 20 jahren schufterei genug haten. Und Susanne was nicht begeistert, die ganze zeit mit chemikalien zuo arbeiten, die den krebs bekämpfen und selb hochst krebserregend sind. Gesund ist daz system nur fur die pharmaindustrie. Jedenfalls machten sie hier ûrlaub, fanden es schoen, bekamen ein angebôt, daz stuck land zuo kaufen und taten es einfach. Ausserdem ist Guido ein amateurfunker und der ort is ziemlich guot dafur. Sie werkeln dauernd rum, aber ein oder zwei stunden am tag sizzen sie im kleinen pool und trinken ihr gläschen wein.

Adaptacionssprobleme haben sie kaum, sie sprechen einigermaszen die sprache, der sohn Lucas kann sie accentfrei sprechen. Sie fanden aba die beerdigung einer deutschen bekannten etwas seltsam. Die hate a schlaganfall, wurde zur gröszeren stadt Ilhéus gebracht, wo sie bald darauf starb. Das beerdigungsinstitut schickte die leiche in a pappmaschee-sarg zuruck nach Canavieiras, blöderweise war der friedhof zu und keiner wusste, wo der schlussel ist. Die männer vom beerdigungsinstitut betrachteten ihre arbeit als erledigt und fuhren zuruck, so standen der mann und die freunde vor dem friedhof mit a besetzten sarg und wussten nicht, was sie tûn sollen. Má fand jemand, der jemand kannte, der jemand kannte, der jemand kannte, der den schlüssel hatte, und bald konnte die beerdigung organisiert werden – in der hitze des nordostens muss alles schnell gehen. Der mann da verstorbenen wollte keinen pfarrer, er selber hielt a rede, die von a portugiesen übersetzt wurde, der kein guter dolmetscher war. Nach der rede applaudierten die totengräber, die deutschen wussten nicht, ob das so sitte im land is und applaudierten mit. Ich kann dir schon sagen – applaus ist nicht normal bei a brasilianischen beerdigung, nicht dass du bei a beerdigung auf diese idee kommst. Kein mensch weiss, warum die totengräber applaudierten, vielleicht dachten sie, das is so sitte in Deutschland. Jedenfalls wollten sie dann den sarg mit zwei stricken runterlassen, der eine strick ist aus der hand von einem der totengräber weggerutscht, der pappmaschee-sarg kam in a schräglage und fast wär er umgekippt, hätte sich geöffnet und die frau ohne sarg in die grube gekippt. Dann ist einer der totengräber ausgerutscht und selber vor der toten in die grube gefallen. Kein wunder, dass die totengräber so unconcentrad waren, sie haben alle dauernd mit ihren händys telefonad, termine ausgemacht, witze erzählt – wie má halt telefona.

Wegen den särgen haben sie mehr als einmal sonderbare situacionen erlebt. Einmal wollten sie grillen, Susanne fuhr en die stadt, um kohle en a supermercad zu kaufen. Sie hatte aba das wort für kohle vergessen, und statt „carvao“ sagte sie, sie möchte „caixao“ kaufen, blöderweise ist dás dás wort für „sarg“, und die leute im supermercad dachten schon, dis ausländer spinnen a bisschen, im supermercad a sarg kaufen zu wollen! Sie machte dann a zeichnung mit a par quadrädchen und feuer, und das verschärfte noch zusätzlich die lage – will sie nich nur den sarg im supermercad kaufen, sondan den supermercad gleich als crematorium benützen? Irgendwann hat sich aba dás missverständnis aufgelöst und sie bekam ihre kohle.

Irgendwie kommen wir auf engenieure zu sprechen, und Guido sieht sich en der pflicht, a wort für die zunft einzulegen. Sie sind gar nicht banausen, wie má sie hinstellt, viele gehen ins teatre, hören musica classisca, genieszen die kunst! Ja, engenieure haben schon a gewissen complex, banausen zu sein, vor a par tagen sprach ich mit a brasileinishen engenieur, der erzählte, dás er beschlossen hatte, a buch zu schreiben. Er kam aba nicht über die erste seite – er ist halt ein engenieur. Mei, engenieure mögen en der regla keine guten autoren sein, aber autoren sind auch selten gute engenieure. Und ohne engenieure gäbe es keine computer, keine druckmaschinen, keine fahrzeuge, die die bücher verteilen könnten – curz, keiner könnte lesen, was die autoren screben, also wären sie keine autoren, sondan müssten kartoffeln anbauen.

der wilde westen

Der mittelwesten is dünn besiedelt, aber er füllt sich allmählich. Er gehört mit dem südosten und dem süden zum reichen Brasilien. Bestehend aus den staden Mato Grosso („dichter busch"), Mato Grosso do Sul, Goiás und dem Distrito Federal, wo Brasília liegt. En den zwei Mato Grossos wird sehr fiel soja und fleisch produzid – dás meiste de Brasilien, und Brasilien is der gröszte fleischexporteur da welt (bei soja nur nr. 2, nach den USA). Im südwestlichen Mato Grosso do Sul liegt an der grenze mit Bolivia dás Pantanal, dás Grosze Moor, wo angeblich die meisten species auf ein fleck leben – a groszen fleck, versteht sich. Im osten liegt Brasília, a geplante stadt, die die zukunft der vergangenheit zeigt. Aba zweifellos eine interessante stadt, vor allem die architectura. Die ist von Oscar Niemeyer, einem der maxi famosen architecten da welt, raucher und comunista, grade im alta von 104 jahren gestorben.

Brasília há die form eines flugzeugs. En den flügeln sind die wohnviertel, im rumpf sind die specialisaden viertel, z.b. für hotels, banken, einkaufen etc. Einmal war ich mit meiner Shazza dort, als es noch a währungs-schwarzmarkt gab, der illegal aba halboficial war, dás TV gab täglich die curse im „mercado paralelo" an. Wir wollten natüralich schwarz wexeln, aber en Brasília war dás unmöglich weil es kein schwarzmarktviertel gab. Als má die stadt en den späten 50ern baute, ging má davon aus, dás bald jeder brasileiner ein auto haben würde, also lässt es sich gut auto fahren, für fuszgänger ist dás nix. So ganz, wie sie sichs gedacht hatten, kam es dann aba doch nicht. Ausserdeem wurde die stadt für fiel weniger einwohner geplant, und irgendwann war kein platz mehr im „flugzeug". Es sind neue schlafstädte entstanden, und heute leben kaum 10 % da populacion en der ursprünglich geplanten stadt.

ik heff a padaria
Espírito Santo

Ich betrete den stad Espírito Santo (/(i)spirit(u) s@nt(u)/) und somit die Region Südosten. Die wird von den staden Espírito

Santo, Minas Gerais, Rio de Janeiro und São Paulo gebildet. Hier ist die region mit den meisten einwohnern, den 3 gröszten ballungsräumen, der meisten industria und dem höchsten bruttosocialproduct. Die mehrheit da populacion ist weiss.

Mit manchen staden verbindet má gewisse stereotipen, mit anderen gar nicht. Einer von ihnen ist der mini stad Espírito Santo. Mit dem stad verbindet má normalerweise nix. Die einwohner heissen capixabas, so haben sich die capixaba indianer genannt, die en da region krebsten. Der einzige capixaba, der mir einfällt, ist der schlagersänger Roberto Carlos, der en Brasil 100 mal bekannter ist als der fussballer. Roberto Carlos, der King, führt seit 50 jahren die hittparaden und schaut aus wie 20, oder wie manche böse zungen (ich doch nicht) es formularen, wie die mumia eines 20-jährigen.

Der stad war vor wenigen jahren noch ruig, die criminalidad ist leider ser gestiegen – die capital Vitória ist die zweitgefährlichste en Brasilien. Die capixabas erklären es so, dás sich die criminellen en Rio durch die vielen accionen de polícia nicht mehr sicher fühlen, und en den nachbarstat ausgewichen sind.

En Minas Gerais war ich diesmal nicht – ich kann ja nicht überall gleichzeitig sein – aba dieser bundesstad sollte nicht unerwähnt bleiben. Er war lange zeit der bevölkerungsreichste stad, dá wurde dás meiste gold entdeckt – die übersetzung des namens ist „Allgemeine Minen" – und die mineiros sind a bisschen wi die schweizer: sie haben viele berge, fiel käse und die populacion wird als ser conservativa gesehen. Unterschiedlich sind die grösze (en Minas passen 14 Schweizen rein) und die zahl da banken – da dürfte die Schweiz noch die nase vorn haben. Und hier befindet sich Belo Horizonte, ebenfalls a stadt, die anfang des 20. jahrhunderts geplant wurde, um capital des stad zu sein. Má nennt sie BH, aba keine sorge, má spricht es nicht be-ha, sondan be-agá aus. Sie ist die capital da Fiat do Brasil, dem gröszten autohersteller im land, und há den drittgröszten ballungsraum von Brasilien, mit 5,5 milionen einwohnern. Die bekanntesten turistenatraccionen sind vermutlich die historiscas städte, wi Ouro Preto, Tiradentes und Congonhas. Ouro Preto ist die stadt des berühmten Aleijadinho, der há als „Krüppelchen" grosze skulpturwerke vollbracht. Wobei einige historiker, vor allem Leandro Narloch, seine existenz anzweifeln, oder zumindest, dás er alles geschaffen hat, was man ihm zuschreibt. Dessen buch „Politisch unkorrekter führer zur geschichte Brasiliens" war a bestseller, und er nennt viele angebliche episoden da brasileinischen história unbewiesene myten, die creiert worden sind, um dem land seine helden und seine persönlichkeit zu geben. Wundern würd es mich nicht, wenn er recht hätte.

Zurück zu Espírito Santo: an a tankstelle sprech ich mal wider a frau an, die mich mitnimmt, die Cynthia de Belo Horizonte. Eigentlich ist sie aus Medina – nicht aus dem arabischen, sondam aus dem brasileinischen städtchen Medina. Der mapapapo war a groszer coronel, wie gesagt, wörtlich ein oberst, im übertragenen sinne der groszgrundbesitzer, der em da gegend dás sagen há. Vermutlich stammt die ganze família auch de neucristen ab, also zwangsconvertiden juden. Der mapapo hatte merere farmen, und in einer von inen eine geliebte, die frau des aufpassers. Wenn der mapapo zu besuch kam, musste der aufpasser passen und mal spazieren gehen. So kam er manchmal immerhin an die frische luft.

Der papai is fotograf, multimedia-mann, macht eigene cachassas, erfindet medicamente, konnte se aba nie grosz verkaufen – die industria farmacêutisca reagert dá etwas empfindlich, wenn se concurrência bekommt. Er hatte tuberculose und há sich selbst behandelt. Einer tochta, die mit complett schiefen beinen zur welt kam, hat er selber a schiene construid, und heute há die tochta perfectas beine, oder wenigstens sind se nicht schief. Der papai werkelt immer noch rum, er is ja erst 84. Die mamae macht yoga und is au sonst ziemlich activa.

Cynthia spielte bis 14 fussbol, hatte a gute kindheit und als enkelin des groszen coronel viele privilégios. Dann zogen se em die capital BH, und es war plötzlich gar nicht mehr schön. Se war nicht mehr die enkelin do coronel, se war niemand. Und se hatte dünne beine, weshalb má se Olivia Palito nannte, Olivia Zahnstocher. Dás alles há se ziemlich verletzt, und se zog keine shorts oder bikinis mehr an. Nu ja, irgendwann hatte se dás alles überwunden, sie zog nach Londrina em Paraná, dann nach Santarém (/s@nta'reN/) em Pará, sie arbeitete immer mit radio und projectos sociais. Irgendwann kehrte se zurück nach BH. Sie hatte viel mit umbanda und candomblé zu tun, dem brasileinische sincretismo zwischen afrikanas und europeias religiõen, interessierte sich für hinduismo, budismo, yoga, Santo Daime. Santo Daime is a mischung de cristã und amazonisco-indias religiõen, die mit dem ayahuasca-tee arbeiten. Má nimmt den tee, kotzt umeinander, fällt em trance und redet mit den göttern. Heute arbeitet se als holistisca terapeutin und heilt (oder auch nich) mit reiki, quantischer energia und weiss der kukuck was. Ausserdem há se a firma, die die logística für die WM vorbereiten soll.

Se sagt, ir religião is dás universo. Se hatte 10 jahre lang a mann, ein antropólogo de Curitiba, und wi nich andas zu erwarten, hisz er Joao Valentin Wawzyniak – claro, polonesa abstammung. Se haben sich getrennt, und als se em London war, bekam se a e-mail von einem alten amigo alemão, dem Uwe, den se als touristin em Bahia kennengelernt hatte. Er lud se ein, ihn em Reutlingen bei Stuttgart zu besuchen, se nutzte die gelegenheit aus und fuhr zu ihm, se verliebten sich, er kam nach Brasil, se heirateten, er fand keine arbeit und ging wida. Se trafen sich von zeit zu zeit, irgendwann war er em China und se sagte ihm, er mousse sich entscheiden: Brasil und China sind so weit entfernt, dás es so nich weitergeht – entweder er bleibt richtig mit ir zusammen oder se will die scheidung. Er entschid sich für die scheidung. Aber es wer fiel complicater gewesen, sich im ausland scheiden zu lassen, so kam er nach Brasil, um sich scheiden zu lassen, und seitdem leben se glücklich miteinander.

Em Argentina war se ao. Em a conferência über criminalidad internacional wurde ir tasche unter dem stuhl geklaut. Die argentinos, zumindest a teil von ihnen, sind der meinung, dás is alles die schuld vom ex-presidente Menem, der dis ganzen peruanos und boliguayos (sammelbegriff für bolivianos und paraguayos) reingelassen hat, jetz haben wir die salada.

Em Vitória besuch ich Ralf Rickli. Vitória is a schöne stadt, wi Rio im kleinen – Grosz-Vitória há nur zwei miliõen einwohner. Ralf wohnt beim Fischladen Andrea. Schon comisch, oder? Fischladen Andrea. Gibts em Alemanha, Metzgerei Susi oder Fischladen Elisabeth hab ich nó nich gesehen. Ralf is weiss, há schwarze haare, aber es sind nich mehr alle dá. Dafür a schnurrbart unter der nase. A wohnung de luxo is dás nich, eher wi a studentenbude, obwohl die bewohner, er und sein freund Edimar, nich mehr studenten sein dürften.

Ao wenn die mamãe immer die nichtweisse abstammung verschwig, gab es auch indios em da família und eine mapamama war die tochta von a sclaviherr mit a sclava. Solche fälle hatten natürlich kein seltenheitswert. Der papapapo war swiço und wurde als pastor nach Brasil geschickt. Der papo war arzt. Ralfs família lebte em Guarapuava, 200 km westlich da capital Curitiba, im stado Paraná, südlich de São Paulo.

Als einzelkind hat er lange gebraucht, um sich zu socialisar, und nachdem die nachbarkinder manchmal vorbeikamen und einmal ihm sand em die augen geworfen hatten, mied er verstärkt den contacto mit anderen kindern. Er war der boxsack da mitschüler, heute nennt má dás em Brasil bullying – ser original. Religioso war er eigentlich nich, aber er hat sich em a jungen verliebt, der ser religioso war. Um mit ihm zusammen zu sein, ging er sogar em die kirche. Er wurde religioso, um dem freund zu gefallen. Er blieb fast sein leben lang irgendwie religioso, erst mit 49 hat er sich der religião complett entledigt. Ihm machen vor allem die evangelicalen sorgen.

Er wollte eigentlich psicologia studar, aba der angebetete studierte música, er spielte violino, und sou beschloss Ralf, música zu studar. Dann agricultura ecológica, jura, teatro – er machte nie was fertig, unterrichtete aba, was er gelernt hatte: „Wer kann, tut es, wer nich kann, unterrichtet es." Erst pedagogia hat er fertig gemacht, mit 49 jahren.

Im alta von 23 ging er nach England, um dort im antroposófico Emerson Collegen zu studar, oder wi man auch immer die actividad auf alemão bezeichnet. Da traf er a verrückte frau de Venezuela, mit der er dann zwei kinder hatte. Er machte a par rondas em Europa, em Espanha wurde er überfallen, war aba kein groszes problema für ihn, weil er immer wenig geld hatte. Er besuchte a comunidade em Irlanda, die offensichtlich a sistema fast nordcoreano hatte. Ir plano vá, nach Sudamerica zu ziehen, um den continente zu befreien. Meistens kommen die leute mit den jahren zur vernunft (oder reihen sich jedenfalls em den mainstream ein), aba jahre später las er über a irlandesa comunidad em Colombia, die mit da revolucionária FARC zusammenarbeitet – es waren die da Irlanda.

Mit der venezuelana ging er nach Venezuela, er fühlte sich aba nich wohl und kehrte nach Brasil zurück. Se wohnten em Guarapuava, blieben aba nich lange, weil die venezuelana sich an die kälte nich gewöhnen konnte. Und se hatten problemas miteinander, sou dás se nach Teresópolis bei Rio de Janeiro zog, während er nach Botucatu ging, westlich de São Paulo, um dort bio-eco-agronomia zu lernen. Ein jahr dazwischen war er em Bochum, schon wider em a scola antroposófica.

Er meldete sich em da favela Monte Azul em São Paulo, vou die alemã Ute Krämer schon seit jahren ein entwicklungsprojekt hatte. Die favela hat a centro cultural, sportplatz und biobäckerei. Er unterrichtete dort, bekam aba nur a mindestlohn, vás damals nó fiel weniger war als heute – momentan steht er um die 250 euro. Daher gab er auch aulas de inglês, machte übersetzungen und vá werbetexter, um zu überleben. Fiel vá dás alles nich, und es gab zeiten, vou er wortwörtlich gehungert há. Er hatte immer vida problemas mit der administração des Projecto Monte Azul und hörte auf, im rahmen des projecto zu arbeiten. Er unterrichtete die jugendlichen weiter em seinem haus, stellte seine biblioteca zur disposição. Er übersetzte 6 bücher von Rudolf Steiner, und kam auf fiele widersprüche und unschönheiten, nazi-gedankengut inclusive. Er verfasste a critic an ihm, die im antroposófico milieu nich specialmente freudig aufgenommen wurde. Vor zwei jahren beschloss er, vider als angestellter zu arbeiten, um nich immer problemas zu haben, die miete zu zahlen. Er hat a jobb em da stadtverwaltung, der ihm spass macht.

Ralf is a intelligenzbestie, und ver vermutlich reich und famoso, wenn er sein leben darauf ausgerichtet hätte, aber er blieb eher a art Mutter Teresa für bildungshungrige favelados, oder wi er sagt, er betreibt a robin-hoodismo filosófico-pedagógico.

Ich får em die berge nå Santa Maria de Jetibá, westlich de Vitória. Em da região wimmelt es nur sou von pomeranos. Då wohnen ao schwäizer und hunsrücker, aba die hunsrücker wurden durch die mehrhäit der pommern assimiliert und pommerisiert. Naja, lieber pommerisiert als pulverisiert. Em da stadt erinnern manche häuser noch an Alemanha, aba die pomeranos hier sehen sich nicht gråd als alemães, sondam als pomeranos. Obwohl se a plattdeutschen dialecto sprechen, is a groszer täil von Pomerania heute em Polen, usserdem stammen die pomeranos von den slavos wenden ab, und sogår der nome Pommern kommt vom slavo „po morje", also „am meer", während Polska von „feld" abgeläitet wird, also die, die im gegensatz zu den pomeranos im landesinneren leben.

Pommersch hört ma ser oft hier, immerhin is das hier äine da ganz wenigen regiões da welt, em denen ma diesen dialect noch spricht – em Alemanha is er usgestorben. Ich such den Ismael Tresmann, der das pommersch-portugesis wörderbauch verfasst het, ma gibt me den tipp, em da Prefeitura nåzufrågen, vou under dem schriftzug „Prefeitura" das word „Rådhus" steht. Ma ruft den Tresmann an, der het heud läider käin zäid.

Dei leud sind schon vor 150 jår kommen. Es wåren wirtschaftsflüchtling, economisco refugiees, sei kåmen vor der årmut flüchtend, un tråfen em da näi weld up dei näi årmut. Sei warden up dei berge schickt, nåjå, wår sicher nit läicht. Un sei hadden unmengen kinder. Sei wåren isolert un hebben sik ni mit de resto da populacion formischt, sou blieb ir språk äinigermåszen erhalde.

O jå, då kommt a schårp hås mit brun har un katz-ogen, sofort interviwn! Nee, sei kann käin pommersch. Måkt nix, måken wir one pommersch! Sei will nit, nee. Wenigstens a fotochen? Um Gods willen! Ach mann, dis comunicativas un extrovertidas brasileiras ermüden manchmal mäin schönhäit.

Sei måken fiel brod, un ni nur wäitenbrod as auch „milhabroud" (aus mais) un „bananabroud". Sei måken so fiel brod dat man in de ganz regiao vom „brote" (/brOtS(i)/) spreekt, auf português – dat normale word för „brod" is naturalmente „pao". Dei andren nannen dei pomeranos „broteiros", also „brötler". Muss a gaud land säin, fiel kawa (café) un fiel brod, kann ma gaud früstücke ... Wäin bun sei hier auch an, wobäi dat mäiste wäin von da jabuticaba come, dat is as a knall-jell kirsch. Sogår bananawäin måkt dei då, mann, de menschli fantasia sin wårli käin grenzen settet. Vor all de brasileira. Sogår us de Uschi måkt man a schnaps! Clar, ik heb es naturalmente nur so scribe, damit ir wisst, vi ma's prononcia, normalmente ward es „uxi" scribe. Uxi is a frut amazônica.

Ik zé noch a schöne mecka, ditmål stroblond. Dei spreekt käin pommersch. Wiso ni, is sei nit us de regiao? Doch, sei stammt auch von pommern af. Åver sei kann trotzdem käin pommersch. Dei jungen kennt es nit. Dei lüd, dei oler sin as feif un dritig oder virtig, kennt es, dei twantig-järigen ni mer. Also jung håsen spreekt käin pommersch. Dann gå ik in dei bäckerie wat ete, cawa drinke, då treff ik twee meckas, dei zusäggt. Reni is um dei 30, Angélica um dei 20, sei sin twee von twelf geswisters. Angélica nannte man immer Duda, Reni nannte man immer Reni. Von düütsch hebben sei käin anung, normalmente würd man português spreken, åver ik will sou fiel ví mögli von de språk mitkrige un wäi måkt aus, dat ik up português dei frågen stell, sei andword up pommersch, un wenn ik ni verstee, meld ik mi un sei widerholt up português. Dat sei bäi dis alder noch pommersch kennt, sei formutli dem facto to verdanke, dat sei weider draussen wont. Reni mit mann un de twee kind. Angélica wont bäi de eldern in dei burnhof. Wat måkt Reni? „Ik verkoup jóias, bijuterias, un heff en padaria." Angélica helpt bäi der kawa-ernt, un in dei rest von dat jår måkt sei nix. Jedenfalls dansen sei ni, es sei denn, de dans is Jesus widmet. Wenn Angélica besoffen is, danst sei auch forró, dat is deutli weniger religiös, dafür umso libidinös. Wenn das der Pastor Pumpmacher gesehen hätte!

„Jóias" sin übrigens juwelen, „bijuterias" is smuck, a „padaria" is a bäkerie. Dat sin naturalmente käin plattdüütsch wörders, sondam portuguesas. „Kawa" widerum is weder português (vou es „café" häisst), nó het es wat mit Kaba zu tun – dat word für „café" kommt in de fall von dei polski. Wat in de fall näher is an dat urword, de arabisch „qawa", woraus dei türken a „kava" måken. Un säi nit overrascht, wenn jeman cigaros oder levensmiddel in de bäkerie koupe will: bäkerien in Brasil sin relativamente grosze geschäfte, in denen man hamburger un andres zeug ete un alles mögli kope kann, under andre broud, wurst un kullis.

Ik komm an de stad-biblioteca vorbäi, naja informaren muss man sik schon. Ik fang a conversassong mit de bibliotecaria Telma Mirting an. Wäi kommt aup dat português-pomerano wörderbuk to spreke. Sei find es ni sou doll, da sin to fiel ortografias da wörd falsas. Also es haud hinten un vorn ni hin, in comparassong mit ir pronuncia. Sei glaubt, de typ hat bukstaben nur to decorassong räin makt. Und wen kümmerts, dei lüd hir haben käin cultur, sei haben käin täid dafür, sei mut ja hard in de rossa arbäite, aup de feld, ví man aup gud düütsch sagt. Sei selb hat ir lebe lang in de bibliotek arbäitet, is forhäiratet und hat twee kind. Dei jüngste hat bis zum äinschole noch pommerisch sproken, na dem einschole war alles forbäi, nu spreekt sei nur noch português.

Weider get es em de süden. Marcio nimmt mich mit, hei is fast schwart, hat aber eer weisse gesichtstüge. Hei hat ingeniör studiert, aba kein job gefunden, wurde dann personalabteilungsleiter, geschäftsführer und is nu handelsreisender, verkauft koffer und daschen för a firma de importação chinesa.

Seitdem ich bei Márcio eingestiegen bin, regnet es. Und zwar heftig. Hir is a einfache landstrasze, und a menge brummis sind unterwegs. Wäi fahren durch Iconha. Auf einem da schilder um die stad hat sich a spassvogel erlaubt, aus dat I am anfang a MA to maken, und dat word „maconha" heisst gras, marihuana. Die stad wurde von einem inglês gegründet, danach kamen aber libenasen und itielaner. Hir findet dat gröteste brummifarer-fest do Brasil statt, a ware orgie an fress, sauf und hur. Die stad hat dann mer brummis als einwoner, und to den dagen da fest empfielt es sich, im ein anderen stad to parken. Am sonndag, dem letzten dag, spilen sie noch bingo, der gewinni bekommt a laster mit twei anhängern.

Weider get es mit Jorge. Der is zimlich dunkel, aba wenig negroid, er kommt aus seiner datscha im Rio Grande do Norte an der nordöstlichen spitze do Brasil, und färt nach Itaguaí, a städtchen westlich von Rio, an da costa. Er hat a van, a wän. Zimlich voll beladen. Und ganz hinten sitzt der husky. Jorge bringt ihn nach hause, das heisst dahin, vou er mit seiner irgendwie familie residie. Ja, Rio Grande do Norte is warlich nix fürn husky. Wobei auch Rio nich grad erfrischend is. Warscheinlich is es im Rio schlimmer, die ganzen hochhäuser und berge lassen nich fil platz für a bris, und dann die luftfeuchtigkeit, also, ich glaub da kommt sogar der teufel ins schwitzen. Aba Rio há wenigstens külere zeiten, sogar a winter, wenn ma von winter im Rio sprechen kann. Also bei 18 grad werden die pelzmantel geholt. Wenigstens von denen, die a pelzmantel ham. Oder sich einen unerlaubterweise aneignen. Gut, Itaguaí is nich ganz Rio, es is auf dem halben weg de Rio nach Angra dos Reis, vou die einzigen atomkraftwerke Brasils sten. Im seiner stadt Itaguaí wird grad a groszer hafen vom miliardär Eike Batista gebaut, er will seine erzeugnisse besser und schneller rauskrigen und exportiren.

Jorge war im seiner kindheit arm. Als er die erste münze im da hand hatte, war er 10 jare alt. Aber er und seine geschwister haben sich irgendwie aufgerappelt und sind gut durchgekommen. Er vá bis grade feldwebel da marine, nu is er im rente gegangen. Mit 49. Ja, weil ma nach 30 jaren arbeit im rente gen kann, wenigstens im da Marine, und er is mit 19 da rein. Leute, die mit 50 im rente gen, sind im Brasil nich selten.

Sein auto färt mit gas. Das is billiger, aba nich ganz simples: alle tankstellen haben benzin, disel, alcohol, aba nich jede tankstelle há gas. Es schifft vi die sau, die ganze fart, die meiste zeit im dunkel, auf a zimlich befarenen einspurigen strade – naturalmente eine spur pro richtung. Manchmal curtas autoban-strecken. Hey, Jorge, ich glaube dize spur is nich die linke spur einer autoban, es is die spur für die andre richtung, und der beste beweis is diz LKW da vorn, der auf uns zurast. Whuufff, ja, hast offensichtlich recht, sagt er.

Jorge vá schon meister im schwimmen, am Amazonas. Er is católicho und meint, einige diser pfingstler sind ganz OK, andre widerum sind alles andre als fromm – der mann von seiner schwesta zum exemplo. Der is evangelical, dazu arm, und sie gingen im da favela wonen. Dann stellte sich heraus, das er dope im den preparieden Bibels rumschleppt. Und er findet aoch gut, vas die coreanos do nord machen – wieso sollen sie keine atomwaffen ham, wenn ire feinde, die USA, vile tausende ham? Und dann commem wir auf länder zu sprechen. Zum exempel über das schnereiche Australia und das trockene Canada, da vou die cänguris rumlaufen. Nein, Jorge, da hast du die bälle verwexelt, vie ma sou schön in Brasil sagt. Der ausdruck bezit sich naturlich auf billiard. Jedenfalls a netter typo, der Jorge. Naturlich nich /xorxe/ vic im espannhol prononciad, sondam /ZorZ(i)/, practicamente vie francês „Georges".

populaçao

Das bild des brasileiro, das man in da welt bekommt, stammt do futball, do carneval und da misere – darüber berichteten die medien die letzten decaden. Bis 1958 hatte man ein völlig andres bild da brasiliano populacion, da die Seleção rein veis vá – das verbot von nichtweissis im nacionalen tim wurde schon 1922 aufgehoben, aber es blib noch über 30 jare tabu.

Nichtweissis sind deutlich mer im futball vertreten als weissis – die chance, als groszer futballstar rauszukommen, is ser klein, also versuchen es nur diejenigen, die keine andre alternative ham. Im futball allgemein sind die weissis schon eine minderheit, wobei sie lange keine so kleine minderheit sind vie in da Seleção, da nationalmannschaft. Jedenfalls is Brasil vor allem für chosen bekannt, wo nichtweissis stark vertreten sind: futball, carneval und misere – in den letzten 3 oder 4 jaren weniger misere, weil es nu heisst, es is a boomland, und manchis denken vileicht, nu putzen sich die brasileiros iren hintern mit 100-dollar-scheinen.

Wenn man als turisti nach Brasil comme, wird das bild im normalfall bestätigt: man is bevorzugt in Rio oder im norden, im norden is die merheit onehin nichtweiss. In Rio is die merheit veis, aber als turisti sit ma vor allem fuszis und dienstpersonal, und sowol die einen vie die andren sind grösztenteils nichtweiss. Die weissis hocken in iren büros, in iren autos oder zu hause, sind also für el auslandishe turistis unsichtbar. Oft sen sie weisse, hellhäutige turistis, erkennen sie aba nich als brasileiros.

Bis zum vorletzten census im jar 2000 machten die weissis eine knappe merheit aus, aber erstens vermeren sich die nichtweissis deutlich schneller als die weissis, und zweitens sind die rassenangaben immer eigenangaben, die nichtweisse bevölkerung hat deutlich an bewusstsein gewonnen und schämt sich nich mer, oder nich mer so arg, für ire hautfarbe, also wird es leichter zuzugeben, das man ein brauni und kein weissi is, oder ein schwarzi und kein brauni.

Naturlich is das alles nich ser simples. Nich wenige brasilis mögen sogar hellhäutige weissis sein und trotzdem irgendwo in der familie ein schwarzi haben – auch viele weisse sudafrikis ham irgendwo weiter hinten ein nichtweissi in der familie.

Brasilian indianis gibt es weniger als deutshe schwarzis. Kurioserweise werden sie in den statistiken zusammen mit el asis in ein topf geworfen, dem der „indianis und gelbis". Von der weissen populacion sind 30 % von portugalian abstamm und 30 % von italian abstamm, dann kommen espanis, alemaes, japanis, polskis, ukrainis, syris, libanasen, armenis, chinesis, koris. Ab und zu kommen wellen von argentinis, wenn das land grad eine crise hat, die kommen aber in der regel als mittelklassis. Neuerdings kommen lateinamerikis aus ärmeren ländern, vor allem bolivis und paragis, oft ilegal, und noch neuerdingser haitinis und afrikis, die meist über Bolivia versuchen, ins land zu kommen und asyl zu beantragen.

Die brasili sit sich als ein friedlichen mensch und wird auch von auslandis meistens so empfunden, es sei denn, sie ham mit raubis, policei oder behörden zu tun. Wobei der gang zu den behörden in den letzten jaren nur noch halb so schlimm is, das meiste kann ma heutzutage übers internet erledigen. Tolerant war die brasili auch, wobei dise toleranz deutlich nachgelassen hat. Man is zwar noch tolerant gegenüber auslandis, aber die leute im süden mögen oft die nordestinos nich, die weissen nordestinos mögen schwarzis nich, und die intoleranz gegenüber den rauchis is gröszer in Brasil als in Alemanha. Wie auch gegenüber schwulis und manchen andren minderheiten. Überhaupt sind vile brasilis mit der verbotswelle einverstanden, die über das land fegt. Einerseits verständlich, die sensucht nach ordnu nach so vil kaos in den verlängerten 80er jaren var grosz, andrerseits wird oft übers zil hinaus geschossen.

Die brasiliano bürocratie hat ein zimlich schlechten ruf. Es is aber schwer zu wissen, ob sie schlimmer is als die deutshu. Als auslandi fallen eim meistens die negativ erfarus auf, wärend das, womit man im eigenen land probleme hat und im ausland nich, leicht vergessen wird. Deutshis vie auch andre auslandis werden gerne kritisiren, das man im land für allu sein CPF braucht, die steuernummer – das is eben die controllinstanz, vo geprüft werden kann, ob der mensch mit dem stat quitt is: es gibt keine meldepflicht, ma KANN auch keine neue adresse melden. Das die deutshi sich nich melden muss, merkt li nich, li merkt nur, das er dauernd dises blöde CPF angeben muss.

Wenn man in Brasil ein neues dach auf seinem haus baun will, tut ma das einfach, wärend ma sich in Deutshland eine erlaubnis bei die citi administracion holen muss. Änderus am auto muss ma dem TÜV melden, das muss man in Brasil nich. Dafür muss man aber in Brasil mit vil mer bürocratie cämpfen, wenn man bei einer neuen arbeitustelle anfangen will: 1) ma braucht sein arbeitubuch, vo alle jobs mit allen deteis drin sind, salar inclusive, 2) schulzeugnis, 3) wonsitzbestätigung (z.b. stromrechnung), 4) PIS, so eine art arbeitulosizalunachweis, 5) steuercarte, 6) personalausweis, 7) wälerausweis, 8) militärausweis, 9) 2 fotos. Je nach jobb noch geburtsurkunde und füruzeugnis, wenn ma kindis hat geburtsurkunde der kindis, deren impfunachweis, wenn verheiratet manchmal auch den trauschein und den geburtsschein der frau. In Deutshland sagt der arbeitugebi, „Bringen Sie bitte bei gelegenheit die steuercarte".

Einmal hab ich mit a franso darüber geredet, ich sagte, ich bin mir nich ganz sicher, welches von beiden ländern bürocratischer is. Er meinte, „Das bürocratischste land der welt is Froncreisch!". La grande nation bleibt la grande nation!

Copacabana und regen one ende
Rio de Janeiro

Die ganze faru mit Jorge hats geregnet. In Rio regnet es auch. Ich wollte gar nich heut in Rio ankommen, nich um dise urzeit. Es is curt vor mitternacht, als Jorge mich bei der Rodoviária, also beim busbanhof rauslässt, ich nem ein buss und far in die Copacabana. Ich hatte mir ein par hostels im netz angeschaut, aber das erste, das ich aufsuche, is voll besetzt. Hätt ich gebucht, hätt es auch nix genützt – ich wusste nich das ich heut ankomm. Ich such nach dem näxten, fül mich aber ganz und gar nich sicher – Rio um mitternacht, und ich mit meim buchprojekt im laptop im rucksack. Jetz überfallen zu werden heisst, das ganze projekt is wek. Eigentlich hätt ich all an ein cloud-dingsbums schicken können, oder an ein freund, aber das ganze hätte mich mindestens ein tag gekostet, und ich bin schon genug beschäftigt mit dem schreiben. Ich weiss, Rio is sicherer geworden, es war 7 mal gefärlicher als Frankfurt oder Hannover, jetz is es nich einmal 3 mal so gefärlich, aber richtig sicher is so was nich.

Zweiter versuch, auch felgeschlagen. Full haus. Dritter genauso. Und es schifft noch dazu. Beim virten versuch klappt es. Ich wollte ein einzelzimmer, wegen mein ausrüst – solche hostels sind voller deutshis, fransis, argentis, lauter auslandis! Da muss ma schon aufpassen! Das hostel Rio Backpackers hat nur schlafsäle, aber einu is ler. Gut, morgen schau ich weiter.

Essen muss ich noch was. Ich ge raus, aber die Copacabana schläft, dabei is es nich einmal ein ur. Mal links, mal rechts, irgendwo find ich eine lanchonete und ess ein x-tudo, ein hamburger mit allem. Ich ge dann zurück und ste plötzlich vor eim tunnel. Nein, durch ein tunnel bin ich nich gekommen, und durch ein tunnel nachts in Rio zu gen, tu ich nich. Also wider zurück und versuchen, ein taxi zu nemen – es schifft und ich bin in Rio. Nur, ich weiss nich, wie die strasze vom hostel hisz, ich weiss nur, wie ma hinkommt. Leicht is es aber dann doch nich. Ich hab ein guten orientirungssinn, muss ich auch, aber hir is nix so richtig paraleel. Ich sag ihm, er soll durch den tunnel, aber nach dem tunnel kommen wir ganz woanders raus. Gibt es hir mer als ein tunnel? Ja, gleich dahinter gibts noch einen. Mit disen bergen mitten in der stadt verirrt ma sich ser leicht, am ende bleibt nix anders übrig, als zurück zum startpunkt zu faren und genau den weg zu machen, den ich vorher zu fusz gemacht hab. Es sollte eine kurze faru für maximal 5 euro werden, es sind fast 20 euro geworden.

Die faro fragt mich, aus welchem land ich komm. Aus Brasil. Äh??? Gibts ja gar nich! Gut, ich won in Deutshland. Ah, ja, genau, deshalb hast du so ein starken akzent! Ich mag vile, vile wörter vergessen haben, ich kann mich nich erinnern, ob man in Brasil ketschupp oder ketschapp sagt, ich wusste z.b. nich, wie man auf brasiliano die festplatte nennt – das hab ich gelernt, das nennt sich HD, nur, dann wusste ich lange zeit nich, ob HD masculin oder feminin is – aber ich hab natürlich kein akzent, in ganz Brasil kommt normalerweise nie jemand auf die denk, ich könnte ein auslando sein, aber hir in der Copacabana, einer gegend, in der es vil mer hellhäutige typos gibt als zum beispil im nordosten, denken vili sofort, ich bin ein gringo. Weil sich hir vile gringos rumtummeln. Und den akzent dichtet sich das hirn gleich dazu. Also dises hirn is eine maschine, die wansinnig vil hergibt, aber es is auch ein meister im selbstbetrug.

Vor kurzem hab ich ein buch über Brasil von a deutsho gelesen. Er war erstaunt, als a brasili von eim gringo sprach, der aus Italia kam. Und später sprach ein andri sogar von eim gringo aus Bulgaria. Äh? Seit wann sind bulgaris gringos? Er verstand die welt nich mer. Das is einfach, er verfil einer andren art von sinnestäusch: er kannte den ausdruck aus dem latinamerican espanian, wo das wort „gringo" vor all el USis bezeichnet, und in eim expandierten sinne blonde nordeuropis. Damit hat das brasiliano wort gringo (/gring(u)/) nich vil zu tun, „gringo" heisst einfach auslandi. Auch bolivis und paragis, peris oder mexikis sind gringos, und sie regen sich furchtbar auf, wenn brasilis sie als gringos bezeichnen. Wir sind doch keine gringos, verdammt noch mal! In Südbrasil hat ma früher nur el italis so bezeichnet, auch deutshstämmis sagten gringos zu den itali-stämmis.

Warscheinlich is das eine verformu des espaniano wortes „griego". Im espaniano sagt ma nich „das kommt mir spanisch vor", sondern „das kommt mir griechisch vor" – el espanis müssen immer aus der rei tanzen. Also stet grekiano simbolisch für eine sprache, die ma nich kennt, wie die bezeichnung „welsch" im deutsh, im altgermanish und im english (welsh, Wales) für eine sprache, bei der ma nix versteet.

Aber eigentlich waren wir in Rio. In der frü se ich nach langer zeit wider auslandishe turis: ein pärchen, dem ausseen nach vermutlich aus India oder Pakistan. Dann hör ich sie sprechen, es sind deutshis. Ich rede mal curz mit denen, es sind Nidal und Nadine aus Köln. In den folgenden tagen regnet es weiter. Das is kein ausnam, das is im sommer die regel. Da gibts eine wolken-peiplein aus Amazonia und sie giszt sich über den ganzen südosten. Dazwischen scheint mal immer wider curz die sonn, und ich versuch, in der sonne zu bleiben, sonst is es zu kalt. Ich zi auch meine lange hose nach langer zeit wider an. Es is nich wirklich kalt, vileicht 18 grad – es wird herbst! – aber ich bin so was nich mer gewont.

Curz vor den osterfeiertagen is allu ser problematisch: die leute von couchsurfing ham schon gäste, die stadt füllt sich mit turis, dafür sind die einheimis wek, das passt allu nich ins concept. Die wenigen freunde in Rio sind auch wek. Ich denke mir, OK, dann ge ich an den strand, schau mir ein par schöne fraun an und interviu sie. Aber der strand is ler, wer will schon am strand sein bei disem wetter?

Copacabana is weiss, also die leute hir sind weiss. Ein strand der reichis is es trotzdem nich, das is mittelmittelclasse, vileicht auch ein bisschen obere mittelclasse. Die cariocas, die wonis von Rio, nennen ire stadt „cidade maravilhosa", wunderbare stadt, und es gibt sicher nich wenige, die ire stadt für die schönste der welt halten. Ich war zum ersten mal in Rio als zeno (also zwischen 10 und 20), und fand die stadt ganz OK, aber auch nix besonders – ich kannte nur wenige städte, da kann ma nich so gut vergleichen. Erst nachdem ich um die welt geträmpt war und die stadt wider besuchte, dacht ich mir, die cariocas ham recht: es is die schönste stadt der welt. So ein ensemble von stadt und natur gibt es, sovil ich weiss, nur hir. An die bestu kann ma das vom flugzeug oder vom Corcovado beobachten, dem berg, auf dem der Christus drauf stet. Rauf faren sollte man an die bestu mit der steilen zanradban. Nich zu empfelen is, zu fusz rauf zu gen. Man is als fuszi alein, die strasze hinauf zum berg is ler – grade musste a deutshe tura daran glauben. Sie hats überlebt, sie is nur etwas ärmer geworden und deutlich ängstlicher.

Unten is es halb so paradisisch. Nachts sit man ab und zu leute, die auf der strasze pennen, und das wetter is im sommer eine sauna: heiss, feucht, und durch das gewusel von bergen und hochhäusern kommt keine brise durch.

Richtig spass macht Rio sowieso nich mer. Smaukverbitu nich nur in den lokalen, sondern auch davor, smaukverbit am strand, wenn ma färt is die promille-grenze 0,0, strandverkäufis sind verboten, sonnenschirme dürfen nur noch in den einheitsfarben blau, rot und gelb aufgemacht werden. Clar, das is keine specialität von Rio, ganz Brasil wird allmälich zu eim Singapur, zu eim gigantischen gefängnis, aber São Paulo und Rio sind da ganz vorn. Manche bars verbiten schon das küssen – in Porto Alegre (/portu alegri/) im süden verbitet ein einkaufscentrum das küssen. Zum rauchen und zum küssen muss ma raus. Beide können ja krank machen.

Ich muss mein zimmer räumen, alles schon reserviert für die näxten tage. In den billigen hostels is nirgendwo platz, in den teuren hotels is noch platz, aber die kann ich mir nich leisten. Ich far nach Teresópolis, was nich ganz leicht is – feiertagstaus bis zum abwinken. In Teresópolis wont a freunda von mir, Consuelo. Sie is aus Venezuela und wont mit freundo Severino in zwei runden, flachen häusern direkt an eim abgrund.

Teresópolis liegt in den bergen, 80 km nördlich von Rio. Die stadt lebt vor allem vom turismus und heisst so als hommage an Teresa Cristina de Bourbon, die letzte kaisa des landes. Eigentlich hisz sie Teresa Cristina Maria Giuseppa Gasparre Baltassarre Melchiore Gennara Rosalia Lucia Francesca d'Assisi Elisabetta Francesca di Padova Donata Bonosa Andrea d'Avelino Rita Liutgarda Geltruda Venancia Taddea Spiridione Rocca Matilde, das wär aber für eine stadt ein etwas zu langer name, wer sollte sich den schon merken? Östlich von Teresópolis liegt Nova Friburgo, das von swizis gegründet wurde – es wurde in den letzten jaren oft von überschwemmus und erdrutschus heimgesucht. Westlich davon liegt Petrópolis, wo die kaiso D. Pedro II seine sommerresidenz hatte und wo Stefan Zweig sich das leben nam. Die stadt wurde von deutshis besiedelt, und manche stadtvirtel erinnern noch daran: Bingen, Mosela, Ingelhein, Nassau. Ich nem mal an, irgendwann hat sich der tippufelu mit Ingelhein eingeschlichen, kommt anscheinend von früher. Für brasilis spielt es e keine rolle, ob am ende ein M oder ein N stet, es wird wie /N/ ausgesprochen, also wie NG in „ring“ (one G).

Stefan Zweig flo von Nazi-Austria nach Brasil. Unter andru schrib er das buch „Brasilien – Land der Zukunft“. Obwol das buch insgesamt eine hymne an das land is, waren die brasilis nich ser begeistert. Er muss geschaut ham. Ein interessantes kapitel in seim buch war unter dem oberkapitel „Dinge, die's in Brasil in 10 jaren warscheinlich nich mer geben wird“ ein unterkapitel über favelas. Das sind bunte negerdörfer auf den rücken der hügel und berge – damals hätte ma sich kaum anders ausdrücken können, Stefan Zweig hat nie in seim leben was über politische korektheit gehört. Er meinte jedenfalls, dise favelas wird es sicher bald nich mer geben – ma schrib das jar 1942 – aber vileicht sollte man ein par sten lassen, als zeugnis der geschichte. Jedenfalls seit seim buch kennt man in Brasil den ausdruck „Brasilien – Land der Zukunft“. Dann kommen ein par böse zungen und meinen, Brasil war, is und wird immer das land der zukunft sein!

Ich komm in Teresópolis an, es is nach mitternacht, und der buss is anders gefaren als sonst, so is er nich bei Consuelo vorbeigefaren. Blöderweise weiss ich die adresse nich. Ich versuch dem taxo zu erklären, er versteet nur banhof, und am banhof bin ich ja schon. Die straszen sind lergefegt, und kein hotel is in sicht. Ich würde zur sicherheit am busbanhof bleiben, aber sicherheit bitet er auch nich an, da is keine sau mer. Das letzte taxi is auch weggefaren, und ich muss zu fusz ein hotel suchen. Mir is mulmig in menschenleren straszen mit meim gepäck zu gen, und wenn ich menschis se, wird es mir noch mulmiger. Aber ich find ein hotel, one überfallen zu werden. Is ja auch mal was.

Consuelo Vargas Prato is eine grauharige, kleine und zirliche frau. Und eine ser simpatisca. Gefragt nach ire vorfaris, zeigt sie ein venezuelano bolivar-schein und sagt, der typ da, Francisco de Miranda, war ein groszgroszuronkel von ir. So was kannte ich noch nich, jemand, der a verwandti auf eim geldschein hat. Ein heldo der unabhängigkeit, das heisst, ein mártiro, der vorgängo Bolivars. Er hat für die unabhängigkeit gekämpft, wurde von den espanis verhaftet und starb in en espaniano gefängnis. Er war der mann der ururgroszmama von Consuelo. Der groszpapo war burgimeisto und unterstützte den candidato Castro, der presidente wurde. Als diso en die USA fur, war der vice-presidente nich ser fidel gegenüber Castro, er putschte und übernam die macht. Der groszpapo weigerte sich, mit Gomez zu cooperaren, wurde verhaftet und musste en zwangsarbeit die landstrasze von Caracas en die Anden mitbaun. Er starb an schwäche en haft.

Er hinterlisz 5 kind. Eini davon war der onclo von Consuelo, ein priester. Eines tages kam ein mädel weinend zu ihm, um zu beichten. Sie erzälte, dás si en der kirche hätte heiraten sollen, si wartete schon, und der bräutigam kam nich. Dessen schwestas hatten ihn überzeugt, liber die tochta von Gomez zu heiraten, eine vil bessere partie. Ja, die neue familia bekam grosze länderein von Gomez. Der hatte übrigens fraun und kindis überall, il Papa soll ihm mal gesagt haben, er soll mal endlich gescheit heiraten, und er antwortete, das tut er, sobald il Papa auch geheiratet hat.

Jedenfalls war dás mädel ganz verzweifelt, also verlisz der pato sein job und heiratete si – wat mutt dat mutt. Der pato ging zum militar, wurde zum oficial, und half die 37-järige dictadura de Gomez zu stürzen. So wurde er primiee-minister unter dem presidenten Romulo Betancourt. Der widerum enteignete alle verwandten de Gomez, die geschenke von ihm bekommen hatten, und der mann, der nich zur hochzeit gekommen war und stattdessen die tochta des dictadors heiratete, musste mit seiner frau en eine favela zin. Wärend es dem mädel als frau des primiee-ministers zimlich besser ging.

Der primiee-minister war bei abwesenheit des presidenten sogar chefe de stado für 5 tage – nich so vil, aber ich selber war nich einmal ein halben tag jefe de stado.

Als der papá 39 jare alt war, kam er zu a groszen fiest en Caracas. Die mamam und ire 20järige tochta, Consuelos mama, kamen von den Anden ebenfalls zu dicer fiesta. Die tochta verliebte sich en Caracas und wollte nich mer wek. Die einzige chance war zu heiraten. Sie sprach grade mit dem pap und fragte, ob er ni heiraten wird. Er sagte scherzend, er hat doch nur die ganze zeit auf sie gewartet. Sie antwortete, si nimmt die oferte an. Da war er etwas baff, aba si beschlossen zu heiraten und gaben es gleich auf der fiesta bekannt.

Als Consuelo 14 war, wurde si nach Montreal en eine nonnen-scuela geschickt. Der francofile papá wollte, das si franciano lernt. Blöderweise war dás ein inglés internat und si hat nur inglés gelernt. Dort blib si 2 jare und fror.

Die brudos vom papá waren dauernd im klinch miteinander. Der jüngere brudo Julio Cesar war anti-comunist und en seiner meinung war die regirung comunista, so half er eim andren militar, Perez Gimenez, zu putschen. Der jüngere brudo wurde governador der provincia Miranda. Der papá wurde aussenministro. Dann setzte sich Romulo Betancourt gegen Gimenez durch, hatte nix mer übrig für Consuelos papá, der bei der putschenden regirung mitgemacht hatte, und schickte ihn en rente. Da ging er nach Espania, wo alles fiel billiger war.

Consuelo arbeitete 8 jare en a forschungslabor. Si mochte aba die arbeitu nich, weil alle entdeckungen, die der wirtschaft irgendwie schadeten, unterdrückt wurden. Si studió filosofía, heiratete ein anwalt, hatte mit ihm zwei kinder und trennte sich von ihm.

Si träumte davon, ein proyecto autarco mit bio-agricultura auf die beine zu stellen. Dás problem is, solche träume zu realisar. Si machte sogar bei Dragon Dreaming mit, wo ma lernt, seine träume zu verwirklichen, bei ir hat der curs aba nich ser fiel genutzt. Si wollte a grundstück mit 60.000 m^2, bekam eins mit 5.000 m^2. Si fur immer vida mit dem jeep hin, eines tages blib si auf der pista sten, der jeep ging nich mer, a tipo en eim andren auto kam vorbei und reparó ir jeep. Si fragte cuanto cuesta, er antwortete, er will kein geld, dabei lächelte er so schön, dás es um si geschehen vá. Mit dem hatte si dann auch a afäre – mer konnte es nich sein, der tipo hatte frau und kinder. Und aus der afäre is ir drittes kind geboren, Nefertite genannt, mit spitzname Tite. Kann ich nix für. Ausserdem spricht ma den namen „Tschitsch(i)" aus.

Si ging vida nach Europa und beschloss, im antroposófico Emerson College südlich von London zu studar. Da lernte si a brasilo kennen, mit dem si zwei kinder hatte, Gunnar und Ana Estrela. Irgendwann zogen si nach Venezuela, leider fand sich der brasilo dort nich zurecht, so dás si nach Guarapuava en Paraná umsidelten. Si fand die stadt und die región wunderschön, si var im früling gekommen. Im winter aba gab es dauernd frost, manchmal sogar schne, und keine gescheite heizung. Si wollte zurück nach Venezuela, der freund erklärte ir, si kann ya auch en Brasil bleiben, es gibt wärmere regiones en Brasil als Guarapuava. Si suchte sich a platz, und ir traum vá, en den bergen zu leben und a meresblick zu haben. Den platz fand si dann en Teresópolis, 80 kilómetros de Rio: ma lebt auf fast 900 metros höhe, hat a berg aus felsen directamente vor der haustür, en der gleichen forma vi der Zuckerhut, und kann unten Rio und dás mar sen. Dá machte si dás „Café am Rande des Abgrunds" auf, mit bio-brot und vil gesundem zeugs. Dás café wurde famos, aba dán kam die stadtadministracion und machte den laden dicht, er vá nich angemeldet.

Consuelo spricht portugués mit espanhol accento, sozusagen portunhol. Als si noch relativamente fresc en Brasil vá, vá se mit irem freund Ralf en a pizzeria, und si sagte, si möchte jetz endlich mal selber bestellen. Dás durfte si, und si bestellte a Pizza de Milho Verde, also pizza mit grünem mais. Nur, si sprach es als Pissa de Mijo Verde aus, also ha si a schwanz mit grüner pisse bestellt.

Ich far weiter nach Paraty (/para'tSi/), an der costa directamente an der grenze zum stado São Paulo. Ma kommt an

Angra dos Reis vorbei, wo die zwei atomkraftwerke de Brasil sten – teilweise mit siemens-tecnología. Siemens is seit über 100 jaren en Brasil und ha hir 14 produccionsstätten. Die costa zwischen Rio und Santos (/s@nt(u)s/) (die näxte stadt an der costa, de São Paulo aus geseen) is mit bergen und idílicos buchten übersät, eine der schönsten strandlandschaften, die ich kenn, und ich hab vile kennengelernt. Aloísio und Adriana nemen mi mit. Sie ham a firma de distribuición de medicamentos und suchen nach neuen clientes en der región – farmacias. Beide sind weiss, Aloisio is blond. Ich frag ihn, wo seine vorfaren herkommen. De São Paulo. Na gut. Sie auch. Ich komm in Paraty an, a históríce stadt und früher umschlagplatz für das gold und sonstiges erz, das de Minas Gerais kam und weiter nach Europa verfrachtet wurde. Hir wont Sylvia Ju.

Ir papapo kam aus Dresden und va der son eines komponisten. Er heiratete eine deutshbrasila, die in Brasil geboren va, aber in der nähe von Leipzig aufwux. Zusammen kamen si nach Brasil und er eröffnete die erste deutshe buchhandlung in São Paulo, die damals Delinée hisz (um richtig deutsh zu sein) und später Livraria Revisal. Das erinnert mich an den typen in meim film, der sagt, das virtel in seiner stadt im süden is richtig deutsch, hat auch a deutshe nam: Frankreich. So geschriben. Der mapapo widerum var ein semann aus Königsberg, dem heutigen Kaliningrad. 1914, am anfang des Ersten Weltkriges, wurde das schiff festgehalten und die kru zur Ilha das Flores gebracht, zur Blumeninsel in der Guanabara-Bucht. Sie dachten, sie bleiben nur ein par tage, es wurden aber 4 jare lager. Ma lisz sie dann frei, er beschloss, in Brasil zu bleiben, holte sich eine frau aus Hamburg. Nach 2 jaren in Rio verschlug es sie nach Salvador, wo er als kunstschlosser arbeitete. Beim ausbruch des Zweiten Weltkriges verschwanden die meiste deutshe manne, der mapapo schaffte es nich und wurde verhaftet. Er erkrankte an tyfus, dise krankheit aber brachte ihm nich nur die freiheit, sondern auch den tod. Die mamama kam dann nach São Paulo mit tochta und arbeitete als gouvernante.

Es gibt ser verschidene „deutshheits-grade“ in Brasil. Einmal war ich mit meiner Shazza in der region um Blumenau im stat Santa Catarina. Wir waren in eim mietauto unterwegs, ein polizist trampte und wir namen ihn mit. Irgendwann sagte er, das er rein deutsh is. Meine Shazza war begeistert und wollte ein gespräch auf deutsh mit ihm anfangen, er sagte verschreckt auf portugalian, „Ich spreche kein deutsh!“ Er meinte nur, das alle 4 groszeltis deutshis waren oder deutshstämmig. Bei manchen deutshbrasilis is das deutsh element ser stark und das brasilianu ser schwach, so zum beispil bei Thomas Mann: zwar war die mama brasila, aber gemischte deutshbrasila, und der papo war deutsho. Er is in Deutshland aufgewaxen, sprach nur deutsh und wurde ungern darauf angesprochen, das er auch brasiliano wurzeln hatte. Sozusagen ein 9:1-deutshbrasilo. Sylvia würd ich als eine 5:5-deutshbrasila bezeichnen: eltis deutsh, in Brasil geboren, ging in die deutshe schule, wo die unterrichtssprache zwar portugalian is, aber man auch deutsh als fach hat, und sie wux in die deutshe virtel Brooklin auf (wenigstens in São Paulo is es so, wenn schon nich in New York). Ich bin auf der wikipedia als ein berümter deutshbrasilo aufgelistet, bin aber nur ein 2:8-deutshbrasilo, maximal 3:7, in der abstammung ⅜ deutsh, in 4. oder 5. generation, in Brasil geboren, hab nur a brasiliano pass, bin eer wenig deutsh sozialisiert worden, konnte trotzdem deutshe kinderlider singen, kannte Max und Moritz. Als ich erwaxen wurde, war mein deutsh noch rudimentär, aber nich ganz – mein wortschatz und meine gramatikalischen kenntnisse waren zimlich reduziert, dafür war meine aussprache gut. Und dann gibt es vile milionen, die a deutsh oma oder uropa ham, aber sonst praktisch keinen kontakt mit die deutshe kultur hatten, das wären dann die 1:9-deutshbrasilis.

Mit andren kindern hatte Sylvia in früher kindheit wenig zu tun, die eltis wollten, das das kind nur deutshsprachig aufwäxt. Erst in der schule war es vorbei mit nur deutsh sprechen, auch wenn es eine deutshe schule war. Danach hatte sie keine lust mer, deutsh zu sprechen. Sie machte nach der schule ein sekretärinkurs und fand ein jobb beim Goethe-Institut, später bei Mercedes Benz do Brasil. Da lernte sie auch das siezen, wobei sie den chef siezte und er zurückduzte, wie's so is in Brasilien.

Sylvia lernte als junge erwaxene ein flötist kennen, sie bliben zusammen, obwol das nich leicht war, da der typ kein deutschstämmiger war und die eltern vehement dagegen waren. Am ende trennten sich Sylvia und ir freund. Ir leben kam ir ser eng vor, sie wollte wek, und da erinnerte sie sich, das ir papapo deutsho war, als sie geboren wurde, also müsste a deutshe pass drin sein. Und so kam sie nach Deutshland und blib in der WG einer freundin, deren mann und deren brudo. Eine lustige WG. Irgendwann ging jeder in eine andre richtung: die freundin nach Bad Wörishofen, deren brudo zurück nach Brasil, sie ging nach Berlin und der mann der freundin verschwand nach Afrika und schrib später bücher, die nimand verstand.

Sie ging in die uni, arbeitete dann als pädagogin und koordinateuse von kulturprojekten, sie besuchte wegen irer arbeit afrikanische, asiatische und americanische länder. Nach 23 jaren deutshland-aufenthalt hatte sie genau so vil zeit in Deutshland wie in Brasil verbracht, und sie wollte doch mer brasila sein als deutsha, also kerte sie zurück nach Brasil, und zwar nach Paraty. Sie fand ein job als fremdenfüra, und arbeitete als solche 7 jare lang. Nu is sie in der planung von vögelturismus beschäftigt. Vile turis kommen mit den schiffen hirher wegen vögeln. Das macht vil spatz, vor allem im freien. Ich weiss nich, woran du denkst, ich rede jedenfalls von zoologie.

Paraty is die heimat der mama von Thomas Mann, die die künstlerische ader hatte und es weiter an die kinder gab – der papo war kaufmann und banause. In der stadt finden verschidene festivals statt, z.b. das Festival der geistlichen Musik, das der Fotografie, des Straszenteaters, das Internationale Literaturfestival FLIP. Das beste is das Schnaps-Festival. Schon im jar 1.600 exportierte die stadt cachaça nach Europa. Keine sorge, ma muss nich nur schnaps trinken, bei disem festival kann man auch essen, und sogar folklorische tänze tanzen. Meistens tut man aber trinken.

Der famoseste strand von Paraty ausserhalb der stadt is Trindade. Um da hin zu kommen, färt der buss über die grosze landstrasze so etwa 10 oder 20 kilometer südlich in eine kleine landstrasze, die den berg hochfärt und dann wider runter – und wie runter! Naja, manche farer brausen mit karajo auf die ondulationen der strasze und es wird wie in eim rodeo – hui schwebt jetz der magen! – das publikum, meistens turis, aplaudiert. Am strand ligen teilweise hausgrosze steine, die dem strand ein besonderen charm geben. Hir waren immer vile alternativlinge, vile drogen, aber es kommen immer mer normaloiden, sie sind längst die merheit, und die polizei greift hart durch gegen das gesindel – ordem e progresso! Ich besuche die leute von a pousada, wo ich schon mal war, da is zufällig eine gruppe leute in der küchenbaracke und grillt. Dazu caipirinha oder schnaps pur, ein par rauchen böse kräuter, und alle machen ein mordslärm. Wilde leute, und dann fragt ma sie, was sie machen, der eine arbeitet in einer versicherung, der andre in einer bank, ein mädel is sekretärin ... einer erklärt mir: dienst is dienst und schnaps is schnaps.

Ich faar zur hochebene naach Penedo. Im süden und südosten kommen gleich hinta der küste die bäagä, die sich dann gemütlich nach westen auflösen. In der nääe steet der Pico das Agulhas, der Nadelgipfel, der zweithöchste bäag von Brasilien. Penedo is ain städtchen, das von finnen gegründet wurde. Ainparläden mit finnischennamen steen schon daa, aaba die maistenhaissen „Bar do Fritz“ oder „Weinstüble“.

a brasileira

Wenn ma zu die deutsche mann was von brasilas erzält, kriegt er gleich ein ständer. Das bild der heissen und leichten frau haftet an den brasilas wie kleister. Nu, so viele frauen sind es ja auch nich. 100 milionen insgesamt, aber nur 1/4 is im gebärfähigen alter und in eim relativ presentablen zustand. Da haben wir nur noch 25 milionen. Aber 1/3 is übergewichtig, 1/3 untergewichtig, bleiben nur noch 8 milionen. Richtig gut ausseend – wenn schon, denn schon! – sind sagen wir mal 10 %. Also 800.000. Leider sind 90 % von inen naturgemäsz besetzt, bleiben folglich 10 %, 80.000. Und ma will auch keine dumme frau, dabei is es doch bekannt, das schöne frauen ire energie in ire schönheit investieren, und für das hirn bleibt nich viel übrig. Da sind ca. nur 10 % schön und inteligent, und so sind wir schon bei 8.000. Und dann sind 30 % kronisch schlecht gelaunt, 30 % krankhaft eifersüchtig, 30 % beides, bleiben schon wider nur 10 %, da sind wir bei 800. 200 von inen sind lesben, so ham wir nur noch 600. Und diese frauen ham schon gewisse ansprüche, sowol ästetische wie finanzielle, die können nur ca. 10 % vo die deutsche männ erfüllen. Wenn du zu diesen 10 % gehörst, – nur zu. Ich könnt es e nich verhindern. Die sind aber dann dünner verteilt als menschen über Grönland. Wenn du nich zu den 10 % gehörst, ham sich die möglichen hasen von 600 auf 0 reduziert. Dafür is die landschaft schön, und die caipirinha is fantastisch!

Natürlich gibt es schöne brasilas, wie's schöne deutschas, schöne russas, chinanas, etiopianas gibt. Ob es proporzional mer schöne frauen gibt als in Deutschland oder woanders, weiss ich nich. Vo die deutsche standpunkt her sicher die brasilas, weil sie so schön braun sind. Vom brasiliano standpunkt eer die deutsche frauen, weil sie so schön blond sind. Wobei kein brasili blässe mag. Am besten is, wenn ma blond is und nich genetisch braun, sondern gebräunt. Und die brasilas sind in der regel bräuner oder gebräunter als die deutschas, entweder sorgt die genetik oder die sonne dafür.

Interessant fand ich, wie ein alter freund von mir und ich die frauen anschauen: in den bars schaut er die bedienas an, wenn sie da vorne kommen, ich dreh mich, nachdem sie vorbeigingen. Für die mitteleuropos is der busen das A und O der frau. Während für die brasilo der po das zentrum des universums is. „Po“ heisst auf brasiliano „bunda“. Die brasilis amüsiren sich zu tode in Deutschland, mit der Bundespost, Bundesbahn, usw. Und wenn es ein krieg zwischen Deutschland und Brasil gäbe, würden die deutschis sicher kampflos gewinnen, weil die brasilis sich totlachen, wenn sie erfahren, das die armee des feindes „Bundeswehr“ heisst, was ziemlich wie „bundas ver“ klingt, und das heisst nämlich „ärsche schaun“.

Das wort „bunda“ steht eigentlich für den po allgemein, das arschloch heisst „cu“. In Portugal steht das wort „cu“ für beides, wie „arsch“ im deutsch. „Bunda“ kommt aus ein afrikano sprache. Es gibt so ein dutzend alltägliche wörter von afrikano provenienz im brasiliano portugalian, zumindest unter den bekannteren. Statt „bunda“ kann man auch „bumbum“ sagen, und wenn ma so eim strand entlang geht, is ma sich sicher: wenn dieses land kein boomland is, dann wenigstens mit sicherheit ein bumbum-land.

Sind brasilas leichter zu kriegen als deutschas? Wenn der mann deutsch is und die brasila arm oder eine turi-nutte, ja. In den meisten fällen dürfte es ähnlich wie in Deutschland sein – sie schlafen mit den männern, die ihnen aus welchen gründen auch immer atraktiv erscheinen. Insgesamt dürften die brasilas schwieriger sein, immerhin sind 30 % von ihnen evangelikal, die nich sündigen wollen, oder sollten – es sei denn, ma will sie heiraten. Trotzdem, die brasiliano gesellschaft is ziemlich durchsexualisiert, ma spricht viel davon. Ma sieht oft 8- oder 10-jährige mädels, die schon die alüren, die anmut und die kleidung von heissen hasen ham und sinnlich tanzen. Auch die sprache is durchsexualisiert, viele alltägliche wörter ham nebenbei eine sexuelle bedeutung, und viele sexuelle wörter bekommen eine „anständige“ bedeutung. Zum beispiel darf ma nich die deutsch ausdrücke „japanisch essen“, „italienisch essen“ wörtlich übersetzen. Das wort für japaner und japanisch is das gleiche, dasselbe is bei el itali der fall, und „comer“, das verb für „essen“, heisst auch vernaschen. Und so will ma sagen, ma möchte japanisch essen, „comer japonês“, und gibt damit zum ausdruck, ma möcht japanos vernaschen.

Naja, wenn es dein geschmack is, nur zu. Frag aber erstmal den japano, ob er einverstanden is – die können oft karate. OK, auch in deutsch kann so eine vermischung zwischen anständiger und unanständiger welt passieren, die kolegin einer freundin von mir überlegte, ob sie die chor-stunde schwänzen sollte und fragte meine freundin, wie sie's mit schwänzen hält. Die antwortete, das es auf den eigentümer ankommt.

Wenn eine arbeit hingepfuscht is, sagt ma, sie wurde in den oberschenkeln gemacht, „feito nas coxa". Früher sagte ma das nur zu menschen, die irgendwie missraten waren. Es sollte heissen, der papo hat sein ding noch rechtzeitig rausgezogen und in die oberschenkel gespritzt, trotzdem hat ein spermchen sein weg ins glück gefunden. Das war eben schlecht gemacht, und am ende bezog sich der ausdruck nich nur auf menschen, sondern auch auf dinge oder auf gewisse arbeiten.

In Brasil gibt es sogar ein verb, das ich vergeblich in anderen sprachen gesucht hab: rebolar. Das heisst mit den hüften wackeln. Oder besser gesagt, elegant und lasziv mit den hüften wackeln. Natürlich is rebolar besser, wegen dem enthaltenen wort „bola", also „ball", so denkt man an zwei arschbacken die aneinanderreiben. Das is doch schöner als hüfte wackeln.

der rosa moloch
São Paulo

Der stat São Paulo is die lokomotive vo Brasil. Bei weitem die meiste industrie, die meisten autobanen, das gröszte bruttosozialprodukt. Manche städte sind motorisierter als jedes EU-land oder die Schweiz, und der bundesstaat insgesamt hat proportional fast so viel autos wie Dänemark. Mit den südstaaten is der bundesstaat die region mit der höchsten lebensqualität.

Ich fahr weiter mit Mano, der hat einen knallgelben Rural Willys, so ein pickup von Willys, vom ende der 60er, anfang der

70er jahre. Mano wohnt in Caçapava, früher ein gemütliches städtchen und jetz ein teil des ballungsraums Vale do Paraíba, der sich wie eine perlenkette von städten entlang der autoban zwischen Rio und São Paulo erstreckt. Die stadt is durch zwei autobahnen mit São Paulo verbunden. Mano heisst eigentlich Julio Cesar Arrué Breitkreitz, der spitzname is eine abkürzung vom espanian „hermano“, brudo. Er is an der grenze zu Uruguay geboren, da is el espanian einfluss grosz. In den periferien hat das wort „Mano“ inzwischen das wort „brother“ verdrängt, im sinne von „mann“ oder „mein freund“.

Mano sieht aus wie ein polacke, hat aber keinen schnurrbart, und die mama stammt von alt-gauchos, den namen Arrué gibts oft im süden Südamerikas, sowohl auf el espaniano seite wie in Rio Grande do Sul. Von der papaseite sind die leute russen und deutschrussen. Der papo war militär.

Ich sag polacke, weil man in Polska sich so nennt. Im deutschen haben manche das wort negativ gebraucht, und jetz is es nich mehr politisch korekt, aber viele leute gebrauchen das wort „alemao“ auch negativ, es is der spitzname für blonde oder besonders grausame typen. Was soll ich dann sagen, „germano-descendente“, wie eine scherz-email gegen die diskriminierung von deutschen in Brasilien vorgeschlagen hat? Germano-abstämmiger? Und wenn jemand es negativ gebraucht, wohin muss ich ausweichen, welches wort soll ich nehmen? Wie nenn ich die americaner, das wort wird auch negativ verwendet, also cowboyländler oder was? Und wie nenn ich die brasilis, die von den argentinis als affen bezeichnet werden?

Der papo war ein bastler, der son war ein bästlerchen. Er machte einen pilotkurs und bastelte weiter. Er erfand unter anderem ein sistem, womit man sein auto über handi zum stillstand bringt, wenn es gestohlen wird, aber er hatte kein geld, um das zu produzieren. Jetz fing er richtig an zu studieren, mit 49 jahren, und zwar in der ITA. Flugzeugbau – er will dann sein eigenes flugzeug bauen. Eines tages klappt es!

In gefahr war er immer wieder, mit dem motorrad, mit dem hängegleiter, und einmal hat ihn ein freund eingeladen, seinen neuen motorsegler anzuschauen. Am flugplatz fuhren sie ein paar runden rum, blöderweise dachte der freund, Mano kennt sich aus, und Mano dachte, der freund kennt sich aus. Und mittendrin is das zeug gestartet, was eigentlich keiner wollte. Sie flogen auf ein eukalyptuswald zu, und beide dachten, der andere hat alles unter kontrolle, bis Mano merkte, der freund hat ja null ahnung, noch weniger als er – ein motorsegler is weder ein richtiges flugzeug, noch is es ein paragleider – und dann is noch die steuerung gebrochen und das zeug war nich mehr steuerbar. Es flog gegen die bäume, machte ein paar von ihnen kürzer, stürzte dann 20 meter, machte eine mauer kaputt und blieb stehen, sie waren bewusstlos. Aber ihnen is nix ernsthaftes passiert, ausser das er ein monat sitzend schlafen musste, wegen problemen an der wirbelsäule. Vom motorsegler is nix übrig gebliben. Naja, lieber so als andersrum.

Wohnen tut er mit seiner frau Cida, der tochta und den zwei sonos. Leben tun sie von der miete einer finca und vom hamburger-verkauf: sie haben einen trailer im garten und Cida macht hamburger am laufenden band, man kann da essen oder bestellen, nach dem motto, call a hamburger. Ziemlich gute hamburger. Ein europäer kann sich gar nich vorstellen, was in ein hamburger alles reinpasst.

Die blonde tochta Caroline schaut deutlich besser aus als ihr pap, ganz abgesehen von der ausstrahlung. Auf ihrer facebook-seite steht, wozu eifersüchtig sein? Was den stier in der nähe hält, is nicht der zaun, sondern die saftige wiese. Ja, und von einer saftigen wiese kann man in diesem fall ohne mit der wimper zu zucken reden.

Ich erreiche die stadt São Paulo, den rosa moloch. Rosa ist der moloch vor allem am abend, wenn der himmel bewölkt ist und man gerade vom flughafen im norden der stadt richtung süden startet. Man fliegt 10 oder 15 minuten durch diese rosa bewölkung, bis man im dunklen himmel verschwindet, es sei denn, man fliegt nach nordwesten oder nordosten – da geht es fast fliszend rosawölkisch weiter. São Paulo ist keine stadt mehr, das is eine urbanisierte region. Wenn ein ende der stadt in Berlin wär, wär das andere schon in Polen. Wenn ein brasilianer fragt, woher ich komm, sag ich, ich bin ein paulista aus Porto Alegre. Das ist so was wie ein rheinlander aus München. Ich bin im südlichen Porto Alegre geboren und in São Paulo aufgewaxen. Die cariocas aus Rio und die paulistas aus São Paulo kultivieren eine gewisse rivalität. São Paulo liegt 800 meter hoch und is deutlich kühler und hässlicher als Rio. In Rio ist man als ausländer der schnellste fussgänger, in São Paulo der langsamste. In São Paulo wird gearbeitet, in Rio wird das geld ausgegeben. São Paulo ist so, wie Brasilien sein sollte, Rio ist so wie Brasilien eben ist.

Meine schwesta Carla hat vorläufig auch ein apartement in zentrumsnähe (nur 15 km entfernt), und da bleib ich fürs erste. Nur fürs erste, weil draussen auf dem gehsteig im regen zu paffen nich zu meinen lieblingshobbys gehört – bei ihr darf ich nicht, und auf dem grundstück des hochhauses genauso wenig. Naja, aber meistens ist es nicht so kalt wie in Deutschland. An diesem hochhaus wird die neue prohibitionswelle deutlich sichtbar, mit der das land zugedeckt wird. Schon an der einfahrt steht ein schild, „Hupen verboten". Man betritt das gelände und sieht – im freien! – 3 schilder mit „Rauchen verboten". Man kommt zum aufzug, da steht, das es verboten is, gäste mit zum pool zu bringen, kinder unter 12 dürfen nicht alleine den lift benützen, es ist verboten, leute aufgrund ihrer hautfarbe, geschlecht oder religion zu diskriminieren, und darunter steht die nummer der hotline für raucherdenunzierungen. Wenn man den lift betritt, sieht man das einzige schild, das kein verbot ist, da steht „Lächeln Sie, Sie werden gefilmt!"

Ich zieh bald in die WG eines freundes um, in die Rua Luís Schimidt (der beamte, der diesen namen auf der geburtsurkunde schrieb, fand das verhältnis von konsonanten zu vokalen im namen Schmidt, 1 zu 6, zu unpassend, und fügte mal dem namen vorsichtshalber ein I extra ein). Die strasze liegt 22 km südwestlich des zentrums. Ich bleib im häuschen im hinterhof, häuschen mit betonung auf -chen. Die zwei katzen bleiben nur noch bei mir, obwohl es der einzige raum im haus ist, in dem geraucht werden darf. Hunde und katzen mögen einen 100mal schärferen geruchssinn haben als der mensch, aber sie sind halt noch nicht adequat indoktriniert worden. Normal red ich deutsch mit den katzen, ausser wenn leute in der nähe sind. Das viertel ist eine mixtur aus mittelmittelklasse und unterer mittelklasse. Ganz unten am berg is die favela Monte Azul. Danach kommen das Handelszentrumscomplex und die Credicard-Hall, für grosze shows. Das viertel ist nicht das schönste, heisst dafür Vila das Belezas, Dorf der Schönheiten. Ein paar kilometer weiter draussen und ich hätte im Vale das Virtudes gewohnt: im Tal der Tugenden, weiss aber nicht, ob ich das gewollt hätte. Famos ist die favela, die um das geschlossene nobelviertel (condominio) Alphaville entstand, die heisst Alfavela.

Beim anblick des bauverhaus würden die meisten menschis mit deutschen augen die unteren mittelklasseviertel als slums bezeichnen, aber dann stehen in den garagen oft 2 oder 3 autos, da wird es kompliziert. Die prioritäten sind eben anders.

Dass das niveau um meine neue bleibe nicht sehr hoch ist, erkennt man daran, dass im radius von 200 metern 3 evangelikalische kirchen stehen. Hier machen keine muslime lärm, sondern christen, und zwar fundamentalisten. Mein wahrigwörterbuch von 1984 definiert „fundamentalismus“ noch als „radikale richtung der nordam. protestantischen kirchen“. An manchen morgen wacht man auf und glaubt, nach der stimme der pastoren zu urteilen, dass die apokalypse endlich gekommen ist.

Auch São Paulo ist von der weltweiten verbotitis erfasst worden. Es ist ein verbotsschildsvermehrung ohne ende. Teilweise sinnvoll, teilweise überflüssig wie ein fahrrad auf hoher see. Die werbung in öffentlichen plätzen ist verboten – es gab millionen-prozesse, der bürgermeister Kassab setzte sich trotzdem durch. Auch die riesigen videomonitore mussten weg. Wenigstens ist die stadt sauberer, grüner, umweltbewusster und vor allem sicherer geworden. Vor 10 jahren geschahen hier 50 morde pro 100.000 einwohner im jahr, was nur „sicherer“ war als städte wie Rio, Johannesburg und Washington. Inzwischen sind es etwas unter 10 – wie Frankfurt. Das hat vermutlich mehrere gründe, zum einen den ökonomisch-demografischen: man konnte die fälle von extremer armut im nordosten deutlich reduzieren, so dass der strom von migranten aus der region stark nachgelassen hat. Diese migrante fanden früher oft keine arbeit und wurden sozusagen zur kriminalität gezwungen, um zu überleben. Ausserdem reduzierte die stadt ihr bevölkerungswaxtumsrate drastisch, kann etwas aufatmen und sich neu organisieren. Ein anderer faktor ist wohl der sicherheitspolitische: die häuser gleichen festungen, die stadt ist voller kameras – meist mit der bitte zu lächeln. Es ist viel mehr polizei unterwegs, oft mit schusssicheren westen, die ein fast martialischen eindruck machen. Überall stehen die nummern von hotlines zur denunzierung von mördern, räubern und rauchern. Und last but not leest, verdanken die paulistas auch den drogenbossen die beruhigung der situation. Die polizei mag nicht besonders organisiert sein, die drogenbanden sind es auf alle fälle und tolerieren keine überfälle in ihren revieren, da dann die polizei kommt und ihre geschäfte stört. Und sie sind „effektiver“ als die justiz: der prozess bei den drogenbossen ist kurz, und der räuber kann sich glücklich schätzen, wenn er nur krankenhausreif geschlagen wird.

Es war immer meine meinung, dass die stadt (eigentlich das ganze land) eine art autoritäre demokratie braucht, um das chaos kontrollieren zu können. Und so was ähnliches bekommt sie auch. Was ich nicht erwartet hatte, war, dass ich als raucher eines der ersten opfer sein würde. Vor ein paar tagen war ich in einer bar, es regnete, und ich sasz halb unter der markise, halb „draussen“. Sofort kam der wirt und sagte mir, ich muss aufstehen und weiter weggehen. Ich bin nass geworden und hab mir glatt eine erkältung geholt. So was nennt man dann gesundheitsgesetz. Dabei waren das halbe dutzend gäste plus wirt auch smaukis. Sogar auf dem hiesigen metrofahrschein steht, man sollte nicht rauchen, wenig alkohol und beruhigungsmittel zu sich nehmen, dafür sind die absperrungen mit der werbung des medikamentes Engov zugeklebt, das man extra für die vermeidung von (rausch-)kater nimmt.

Essen kann man hier zum exempel a X-tudo pro 4 euro. Der preis is ähnlich wie in Deutschland, aba dás is a cheeseburger (X wird „schis“ genannt, wie auch „cheese“) mit allem, also burger, käse, mayonnäse, ei, bacon, pikante wurst, salat, oft röstzwibeln, mini-chips, und alles in möglichst rauen quantitaten. Wenn má keinen mund hat, der sich mindestens 20 cm ausdehnen kann, sollte má dás ding lieber im teller bestellen.

In Grosz São Paulo werden täglich fast 3.000 autos zugelassen. Wo sollen die alle nur hin? Vor allem bei diesem chaos von unparalelen einbahnstraszas und linksabbieg-verboten? Egal, ob man ein auto hat oder nich: má braucht mindestens a stunde, um a nahes ziel zu erreichen, für fernere ziele braucht ma 2, 3 oder 4 stunden. Ralf erzählte zum exempel, er brachte seinen amigo zum flughafen – der musste 1.000 km nach Brasília fliegen, und bevor Ralf wieda zu hause war, war sein amigo in Brasília schon gelandet.

Dás u- und s-bahn-system is a flickwerk und reicht bei weitem nich aus, diese gigantischas massas dahin zu bringen, wo sie hinwollen, weshalb die omnibusse dás übernehmen müssen. In München fahren 500 stadtbusse, in Grande São Paulo gibt es über 2.000 *buslinien*. Sie sind comfortabler, sauberer gewordem, má muss aba länger warten. Schon fast so lange wie in Deutschland.

Wenn má so lange nich mehr a bus oder s-bahn hier genommen hat, wundert má sich. Ende der 50er jahre waren über 90 % der menschen in Sampa (wie die stadt von den einwohnern abgekürzt genannt wird) weiss, der rest waren negres, dazwischen war nix. Inzwischen is über die hälfte da populacion aus dem nordosten oder stammt von nordostis ab, und in manchen u-bahnen há man den eindruck, die populacion wurde vollständig ersetzt.

Nich wenige sampis ham was contra nordostis, auch schwarze sampis haben oft was contra nordostis, und viele weisse nordostis haben was gegen negres, egal woher. Die weissen sampis sehn die nordostis eher als fremd und nich als sampis, nu, was is denn dises paulista-volk? Die leute commen aus allen ecken und canten des landes und des auslandes, und má sagt, im tiefsten innern eines ur-paulista wohnt immer noch ein italianer. Wer hätte da mehr rechte, ein paulista zu sein, als andre?

Ich treff mich mit Clara. Má come zu ihr mit der neuen metro. Ich steh ganz vorn – hey, wo isn hier der fahrer? Es gibt keinen, alles automatisch. Oi oi oi, und das en Brasil – ob das gut geht? Na gut, wird unter anderem von Siemens gebaut, und die macht als deutsche firma sicher keine fehler.

Die mamaseitigen vorfahren von Clara commen aus Paraíba, im nordosten. Weiter hinten gibts alle mögliche europer und anderen völker. Der opa hatte blonde und/oder blauäugige kinder, und andere dunkelhäutig und dunkeläugig. Dás geld reichte nich, dás alle en die schule gehn durften, so schickte er die blonden oder hellhäutigen en die schule, die dunklen mussten auf dem feld arbeiten, weil sie „dümmer" waren. Der mapapo, der Jerônimo hisz, wollte die blonde tochta von a farmer heiraten, es war alles ausgemacht, aber er verspätete sich 2 wochen, und alle leute waren zum groszen fest an a feiertag en a andré stadt gefahren. Dageblieben war nur die ziemlich dunkle tochta Ana, als strafe, weil sie was angestellt hatte, und a sclavin. Eigentlich war die sclaverei schon einige jahre zuvor oficial abgeschafft worden, solche nachrichten brauchten aba lange, um en da pampa anzukommen, und dás wort „oficial" wurde dort nie special ernst genommen. Als der mapapo kam, um die blonde tochta zu heiraten, badete die schwarze tochta nackt im weier. Und niemand waiss, was dann bei disem treffen passierte, jedenfalls als die familia zurückkam, meinte Jerônimo, er will nich mehr die blondine heiraten, sondern die schwarze. Der farmer versuchte ihn noch zu überreden, doch die blondine zu nehmen, aber er und die schwarze hatten sich verliebt, und an seiner entscheidung war nich zu rütteln.

Jerônimo nahm Ana mit, und sie hatte den ersten contact mit electrisca licht. Sie drückte den schalter im neuen haus, es wurde licht, und sie rannte weg. Er hatte a geschäft, trank fiel und eigentlich schmiss Ana den laden. Sie konnte nich lesen, war aba gut im wirtschaften. Dás problema war, a 14-jährige hausangestellte wurde schwanger, und Ana entdeckte, dass ir mann der teta war. Sie verabreichte ihm a nockautte, nahm ir sieben sachen, dás geld, die hausangestellte, die kinder und fuhr zur cüsta. Da lernte sie einen italianer kennen, der mit seinem circus durch die region fuhr, er lud sie auf a vorführung ein und so sah die família zum ersten mal a circus von innen. Und sie waren überwältigt. Der italianer wollte sie, die hausangestellte und dás kind nach Italia mitnehmen. Ana war d'acord, am hafen aba bekam sie kalte füsze. Der italianer bot an, wenigstens den kleinen mitzunehmen, und Ana zögerte nich: den jungen kannst du gerne mitnehmen. Sie nahm stattdessen a boote nach Santos. Die hausangestellte dachte sogar daran, sie zu töten, aba dann verschwand sie, und má vermutet, dás sie en a puff landete. Ana wohnte en a favela und war wäschewascherin. Einmal schrieb sie ihrem mann a brief, und bald darauf kam er, machte ir noch a kind und ging zurück. Dás passierte immer wida. Sie war aba wi gesagt gut im wirtschaften, machte irgendwann a laden auf, danach noch zwei. Sie wurde zur unternehmerin. Und immer wida sahen sie a famosen schauspieler, a richtigen schönling, mit nachnamen del Picchia, der en spagetti-western spielte, und der ser ähnlich war wi der andere oncle von Clara. Eines tages kam diser schauspieler nach Brasil und sagte, er sucht seine família. Es war der sohn da hausangestellten, den der italianer mitgenommen hatte. Auf dem sterbebett hatte er dem adoptivsohn eröffnet, dás seine biologisca família de Brasil stammt. Seine mamãe fand er nie wida, aber immerhin sein pap, den untreuen – gut, ohne seine untreue hätte der sohn nie existid. Der sohn lebte zwischen Italia und Brasilien, heiratete en Brasilien und starb hier später an a herzinfarct.

Claras papapo stammte aus einer família de intelectuais, francesen de Ceará. Er war arzt und schrieb auch schon mal a buch über hemorroidas. Wer ja auch mein traum. Alex, Claras papo, hatte mit 9 ein ernstes knochenproblem, und má schnitt manche knochen raus, weshalb er danach nie wida normal gehen konnte. Er galt als behinderter, trotzdem konnte er gehen, auch wenn die eleganz ser zu wünschen übrig lisz. Er interessierte sich für musica, studierte en da uni, fand a job en a radiosender und machte a seichtes programa für junge mädchen mit fiel schnulz und fiel schmalz. Dabei war er ein überzeugter und activer comunista, war auch en diversen congressen communistas en Europa. Eine von Anas tochtas, Rachel, war 12 und verliebte sich en die stimme des radiomoderadors. Eines tages beschloss se, ihn zu besuchen, unter dem vorwand, für die schulzeitung ein interviu zu machen. Se hatte dünne beine wi a folen. Im rundfunksender teilte se ihm mit, dás se sich en ihn verliebt hatte und ihn heiraten möchte. Alex antwortete, „OK, wir können dás tun, aber ich will a intelligente frau, eine die francesis kann und belesen is, wenn du 18 bist und dás alles kannst, kannst du mich wider aufsuchen, dann heirat ich dich". Als er aufstand, um sich zu verabschieden, merkte se, dás er a halber krüppel war. Und se freute sich. Se dachte, so wi der is, wird ihn keine frau wollen – der wird warten!

Se legte sich ins zeug, lernte francesis und wurde belesen. Als se 18 jahre alt wurde, war se a frau mit langen, üppigen beinen. Se hat ihm anonim a brief geschrieben und a treffen vereinbart. Er wartete auf se en a bar mit a freund und irgendwann kam se auf der strasze auf ihn zu. Alex erkannte se sofort. Und sagte zum freund: siehst du die par beine dá, die auf uns zukommen? Die werd ich bald heiraten. Der freund glaubte keine segunde daran – die beine kriegt er nie im leben! Die frau kam zu ihm, und a par monate später heirateten se.

Klingt wi a märchen, aba die märchen erzählen auch selten die história zu ende. A schöne ehe wars nich. Immerhin hatten se zwei kinder, a männchen und a weibchen. Dás weibchen war Clara.

Rachel wurde chefe einer groszen abteilung en a groszen lebensmittelmulti, se war ernährungsexpertin und ärgerte sich über Claras figura, die etwas mollig war – weder mamãe noch tochta wussten damals, dás die tochta an hipotireose litt, a krankheit bei der die schilddrüse nich funcciona, wi se solte. Ausserdem war die mamãe vegetariana und esoterisch angehaucht – se war noch nebenbei chefe der rosacrucianer en São Paulo. Als Clara 10 war, trennten sich die eltern. Als se 12 war, heiratete die mamãe wida, dis mal ein alcooliker, aber immerhin a francesishen – dás hat schon a ganz andré qualidade.

Se ging em die Steiner Scula – schon wida eine! Die unterrichtssprache war ursprünglich deutsch. Dás militar gouvernement konnte nich verhindern, dás kinder von ausländern em fremdsprachen unterrichtet werden, aba wenigstens bei den brasileinishen kindern wolte se schon wissen, was dá unterrichtet wird, und so wurden die brasileinishen scülar dazu gezwungen, auf portugiesis unterrichtet zu werden und em separadas classen zu comem. Clara aba schaffte es, als einzige gegen dás gesetz mit den deutschen kindern unterrichtet zu werden. Se fand die zeit nich gut, se fühlte sich ser fremd. Im viertel war alles deutsch, in den läden sprach má deutsch – die deutschen sind wi die türken, se lassen sich nich leicht integraren. Se träumte davon, blond zu sein, deutsch auszusehen. Se war a fremder vogel im nest. Und als se zu den brasileinern transferid wurde, war se ser glücklich. Se war wida normal.

Se bewarb sich für a schüleraustauschprogramm, wurde angenommen und ging em die USA. Se wohnte em da wüste de Nevada, bei a família mormon. Se wurde die freunda eines mormon, der a kleines flugzeug hatte und mit ir dauernd fliegen ging. Angefasst hat er se natüral nie, er war já mormon. Und se schloss sich a jazzband an, wo se dann gitarra spielte. Se spielte schlecht, sagt se, die banda wolte se trotzdem, weil se brasileira war, dás machte sich gut. Se reisten im bus durch dás ganze land. Und em a stand-by-flug flog se nach London, wo se unter anderem quase vergewaltigt wurde – europer sind gefährlich. Da nahm se die fere nach França, auf da fere lernte se ein interessante americaner kennen, aba als er drogas em ihrem rucksack versteckt hatte, um sicher über die grenze zu comem, fand se ihn nich mehr so lustig. Se fuhr nach França, dann nach Müniche, reiste em Europa rum und jobbte als kartoffelschälerin, jugendherberge-receptionista und baby-sitter.

Se kehrte zurück nach Brasil und ging em die scola – um dás abitur zu machen. Se jobbte als fotógrafa auf hochzeiten, festen, gab aulas de inglês, schrieb artigos de journal, machte horóscopos für wichtige und unwichtige leute. Und se ging nach Paraíba em den nordosten, wo se Ivan kennenlernte. Der war a brotloser künstler, der fiel teatro machte. Mit dem verlor se ir jungfräulichkeit, gewann dafür a tochta. Als se jahre später zu einer untersuchung ging, eröffnete ir der arzt, se hat endometriose und a zweigeteilte gebärmutter. Und dás schlimmste: se könnte keine kinder kriegen. Dá sagte Clara, zu spät ... Der arzt war etwas erstaunt und erwiderte, a mini chance gibts immer, wenn die hormônios, dás wetter und der mond stimmen, aber es sind nich mehr als 2 oder 3 %. Ivan schlug später vor, Lulu, die tochta, nur noch 3 % zu nennen. Nó so a scherzkeks.

Ivan wurde dann zum professor, se wohnten em a haus an da costa, die idilio trog aba: die näxte bäckerei war a halbe stunde busfahrt entfernt, se musste den haushalt schmeissen, windeln wexeln, kochen, darüber schrieb se textos, aber Ivan und seine amigos empfanden dás familienleben als die letzte bastião da spieszigkeit, se waren eher mit filosofia grega ocupados, oder damit, den saucapitalismus zu bekämpfen und die welt zu retten. Se rät jedem davon ab, seine träume – em dem fall dás leben auf dem lande – zu verwirklichen: dás costa geld, zeit und macht a mordsarbeit.

Eines tages waren mamãe und kind krank, dem mann und papai wurd es monoton und er dachte, er besucht mal die exfreunda. Clara drohte: wenn er nu geht, wo se so krank sind, dann wird er se nich mer vorfinden, wenn er zurück come. Er nahm es nich ernst und ging, und se tat, was se versprochen hatte. Se kehrte zurück nach São Paulo und musste erstmal im hausangestelltenzimmer einer amiga wohnen, die keine hausangestellte hatte. Dás „apartamento", also die wohnung, wird auch gern „apertamento" genannt, „die enge". Wenn a brasili dir erzählt, er hat a 4-zimmer-wohnung, musst du nich glauben, er wohnt em a mega wohnung. Wo der brasileiro 4 zimmer reinmacht, macht der alemão 2. Und dá is auch oft a hausangestelltenzimmer, nich gröszer als a rumpelkammer.

Se ging em die uni, studierte história, später ao journalismo. Se wolte den magistrado em Alemanha machen. Se bewarb sich und wurde em da Uni Tübingen angenommen. Ir arbeit war über die rolle da frau em den ketzerbewegungen des mittelalters, und se besuchte viele burgen und schlösser em Europa. Se hatte kein bafög, und überzeugte den inhaber einer fast-pleite discoteca, an den sonntagen nächte de cultura brasileira zu veranstalten, die mit da zeit immer popularer wurden. Se fing an, als agente für brasileiros künstler zu fungieren, organisierte concertos, festivais de filme, lesungen. So há se auch a brasilo vertreten, der em Müniche lebte und grade sein erstes buch schrieb. Es war der anfang einer langen cooperação. Er schrieb bücher em a alemão cômisco und wolte sein buch em Brasil publicar, se war mit ihren projectos em Alemanha und Europa unterwegs, er konnte für se manchmal sprechen, er hatte contactos, und er konnte auto fahren. Dás kann se zwar ao, aber im ausland kennt se sich nich aus, is geistig mit ihrer arbeit beschäftigt, fährt über rot oder bleibt bei grün stehen – se hatte trotzdem nie einen unfall. Se verliebte sich em den autor, der war aba ocupado. Se waren trotzdem a gutes time (team), se fand a verlag für sein erstes buch em Brasil, er kam em die tagestemen und mega talkshows.

Em Brasil ging se gerne nachts em dunklen stradas spazieren, se meinte, se wird sich doch nich selber einsperren nur wegen irgendwelchen statísticas criminais. Em Berlin wurde se dafür einmal ausgeraubt, und als se später em Müniche ihren laptop, em dem ir ganzes leben war, em da metrô liegen lisz, stritt se mit dem gestressten autor, verschwand nach Brasil und versteckte sich em a städtchen im süden de Minas Gerais. Se wolte mal etwas ruhe und fresco luft schnappen, für ein oder zwei wochen, daraus wurden 7 jahre.

Dá lernte se Täkki kennen. Der war a lapão, wohnte lange zeit im wald em Lapônia, jagte bären – er hatte die licença dazu – und asz rentiere, dann heiratete er a brasileira de finlandês abstammung und kam nach Brasil, wo er mit da frau a farm em da nähe de Claras haus hatte. Die frau war oft em Suomi, Täkki blieb allein, er und Clara kamen sich näher, am ende trennte sich der lapão von seiner frau und blieb mit Clara zusammen. Blöderweise musste se wida nach São Paulo, um einiges an bürocratico zu erledigen, und bald war se schon wider an die stadt gewohnt – se wolte nich mehr aufs land zurück. Der lapão kam dann auch, hat aba mega schwierigkeiten. Dis stille mann war die einsamen läppischen weiten gewohnt, und plötzlich wohnte er em a stadt, die 5 mal mehr menschen hat als sein ganzes land. Dás leben mit ihm is ganz OK, problemátic is nur, dás er gegenüber jedem mann eifersüchtig is.

Mein näxtes entrevista is mit Ditão, und der wohnt em Itu (/i'tu/). Auf dem weg dorthin come man an Valinhos vorbei. A amiga alemã de mim heiratete a tipo, und se hatte zwei kinder, als der mann von da firma nach Brasil geschickt wurde. Se musste zum ersten mal einkaufen, se schrieb sich a par wörter do diccionário auf und ging zur bäckerei. Dort fing se an vorzulesen, was se aufgeschrieben hatte: 5 pãozinhos (5 semmeln), 200 gramas de salami, 200 gramas de mussarela, etc. Mittendrin unterbrach se die bäckerin mit unverkennbarem accento suiço: „Wenn Sie wollen, können wirr auch deutsch rreden!" Má solte aber em Brasil schon português lernen, es is nich so, dás em jeder bäckerei a suiça bäckerin sitzt.

Itu war a gemütliche stadt im hinterland, bekannt wurde se durch dás programa de TV Praça da Alegria, auf alemão Freudenplatz, em dem immer der gleiche typ auf a parkbank sasz, die seltsamsten vögel sich zu ihm setzten und irgendwas erzählten. Da gab es ein altes par aus Itu, und wenn dás tema zum exemplo schwimmbad vá, fragte er, vi hoch die sprungbretter em São Paulo sind. Nachdem er die antwort gehört hatte – 2 metros, 5 metros, manche vielleicht 10 metros –, erzählte der ituano, dás die taucher em Itu mit dem fallschirm springen, weil es so hoch is. Und tief sind die schwimmbäder em Itu, andauernd beschweren sich die japoneses, dás má zu weit gebohrt há. Itu war die stadt do gigantesco, und es wurde a geflügeltes wort, wenn was richtig mega is, is es aus Itu. Irgendwann hatte a burgomestre aus Itu die ideia, daraus capital zu schlagen, er machte dann cabines telefônicas, die gröszer sind als a zweistöckiges haus, gigantescas ampeln, und seither gibt es dort streichhölzer oder kugelschreiber zu kaufen, die so mega sind vi schlagstöcke, toblerones, die so grosz sind vi a 10-jähriges kind, etc. Heutzutage wird es immer mehr teil der grande metropolitana região nordwestlich de São Paulo, deren gröszte stadt Campinas is. Als São Paulo allmählich eine unerträgliche stadt wurde, vor allem mit da criminalidade, meinten viele firmas, die stadt is für ihre angestellten nich mehr zumutbar, und zogen in den nordwestlichen oder nordöstlichen speckgürtel da stadt. So wurde die gegend eine von autobahnen durchlöcherte und ziemlich geldige região.

Die eltern do Ditão waren brasileiros aus dem süden, der papai stammte aus a família von frommen baptistas, die mamãe stammte ao von baptistas ab, die aba deutlich weniger fromm waren. Geboren wurde er als Ditmar. Es gibt nomes alemães, die den brasileiros keine problemas bereiten, der nome „Ditmar" gehört aba sicher nich dazu. Der wird so vás vi Dschitsch(i)marr pronunciado, dás gefiel niemandem, weshalb man ihn Vilmar, dann Gilmar, und schlieszlich Ditão nannte, den groszen Diter. Ver er futebolista geworden, so ver er der Ditinho. Er vá der älteste sohn, nach ihm kamen noch a brudo und a schwesta.

Als er 13 vá, volte er sich taufen lassen, dás tun die meisten baptistas em da puberdade, mehr oder weniger nach eigener entscheidung. Der pastor fragte ihn, ob er sich sicher vá – dás is ja eine wichtige entscheidung! – und dá er sich nich so 100 % sicher vá, sagte der pastor, Ditão sol sich dás mal überlegen, und wenn er sicher is, kann er já vida comem. Er überlegte, und plötzlich stimmte die ganze construcção religiosa nich mehr. Em da kirche wurde má mit Ditão einerseits vorsichtig, andererseits war er a guter músico, componierte sogar, und má bewunderte ihn, vor allem die mädels.

Im contrário zu seinen geschwistern, ging er em a scola alemã, eine der wichtigsten em São Paulo. Danach fing er mit 15 em da scola técnica ETI an. Die hatte a ser gute biblioteca, er las nur nó die ganze zeit und blieb deshalb dás erste jahr sitzen. Er zog von zuhause aus, fing an, em a fábrica zu jobben, privatunterricht zu geben, órgão auf hochzeiten zu spielen.

Der gute pianist und organista glaubte aba dó nich an seine carreira de artista und ging em die uni studar física. Er kam aba nich ser weit, er fing an, als representante für a firma zu arbeiten, die máquinas verkaufte. Er blieb nich lange, und es folgten mehrere jobs im técnico bereich. Länger arbeitete er für Carl Zeiss Jena und montierte messgeräte. Oder vás heisst geräte, dás waren máquinas mit mehreren tonnen gewicht. Brasil schickte café em den Ostblock und bekam dafür messgeräte. Die hätten schon leichter sein können, aba die regla im Ostblock vá, je mehr stahl und anderes metal verbraucht wird, desto besser wirtschaftet die firma und der stado, dachte má sich, also voltem die chefes der firmas statais die máquinas so schwer vi nur möglich bauen, um gut bei den parteibonzen zu puncten. Dás is a bisschen vi dás gesundheitssistem em Alemanha oder sonstwo – alle krankenhausbetten müssen voll sein, also bleiben gesunde leute drin, und wenn alles voll is, bleiben kranke leute draussen. Die messgeräte wurden teilweise an universidades geschickt, die professores mussten ankreuzen vás se brauchen, dabei waren ir kenntnisse de alemão oder russo relativamente reduzidos, und ao wenn es auf português ver, wüssten se nich, vás se mit den máquinas anfangen sollen, also haben se vás angekreuzt, dás irgendwie gut klang, zum exemplo Universal-Präzisionslängenmessmaschine, Stechverstärkungscalibrator oder Waagerechtgedankenexplosionsmaschine. Und so standen millionenteure máquinas rum, teilweise im freien, teilweise nach einigen monaten schön bemoost, und keiner wusste, vás má mit den dingern machen soll, geschweige denn vi má se bedient. Wenn ein engenheiro alemão dás nur gesehen hätte, der hätt – Vás machen Se denn dá??? Aaahhh! – a herzkaschperl an ort und stelle gehabt.

Er hat über die conexões baptistas Doris kennengelernt, se kam aus a städtchen im süden, is vais, schwarzhaarig und hat a nome alemão. Er besuchte oft a entfernte cousine em da WG, em der Doris ao wohnte. Ditão und die cousine unterhielten sich viele stunden lang, und erst als die cousine a freund fand, bemerkte er Doris. Se studou psicologia. Se verliebten sich ineinander, irgendwann heirateten se auf druck da família. Kinder voltem se nie, dafür die welt sehen. Se verkauften das apartamento, das heisst den anteil, den se schon gezahlt hatten, und zogen nach Uruguai, Argentina, auch Feuerland. Von da flogen se nach Mexico. Eigentlich voltem se auch em die USA, claro. Nur: als se em São Paulo zur americana botschaft gingen, waren beide, vor allem Ditão, etwas verhippit: lange haare, kurze hose, sandalias. Die funccionarios fragten, ob se em den USA arbeiten wollen. Ditão sagte lässig, naja, schau ma mal, vi sich das so ergibt, bisschen jobben vielleicht ... er scheint nich besonders gut informado gewesen zu sein in sachen US-immigration. Se haben kein visto bekommen und werden es vermutlich nie kriegen – nich das se je darunter gelitten hätten. Se flogen dann nach Europa, reisten rum, jobbten em Alemanha. Dann ging es nach India, und wenn ma dann nach Nepal und Burma come – vas für a frieden! Vi im Garten Eden. Und dann von Burma nach Cingapur, das is a ser kontrastreicher sprung. Em Burma scheint die zeit stehengeblieben zu sein, em Cingapur sind wir so beim jahr 2100.

Se fuhren nach Indonesia em einem überladenen schiff. Se waren müde, hatten wenig geld und beschlossen über Japan nach Brasil zurückzufliegen. Im reisebüro verlangten se a ticket Jakarta-Tokyo-São Paulo, bekamen aber a ticket Jakarta-Tokyo-Sapporo, a stadt im norden do Japao. Das ticket kam ihnen ziemlich billig vor, später entdeckten se den fehler, es ging aba noch alles gut. Do Japao waren se fascinados, vi toll alles funcciona und vi wahnsinnig höflich die leute sind.

Der flug zurück vá lustig: ungefär die hälfte da passageiros waren japaneses, die andré hälfte brasileiros japaneses, nissei und sensei genannt je nach geração em Brasil. Die brasileiros japaneses hatten oft problemas bei da comunicação, se konnten kaum oder kein japanês, auch kein inglês, und machten a höllenlärm, während die richtigen japaneses consternados da saszen und hofften, der flug möge bald beendet sein, naturalmente am richtigen aeroport, mit a normal landung.

Die zweitgröszte gastarbeiticolonie em Japao sind die brasileiros, nach den coreanos. Als die japaneses mehr jobbs hatten als leute, kamen filipinos und pakistaneses, und manche japaneses fanden das nich so adequado, se empfinden solche völker als nich ganz sauber – sowohl wörtlich vi unwörtlich. Es waren die 80er jahre, Brasil vá krank, und da hatten die japis die ideia, japis aus einem anderen land zu holen, also de Brasil. Se machten recrutierungswerbung em Brasil, viele folgten dem ruf. Nur, die japaneses dachten, se kriegen japaneses, die für weniger geld arbeiten. Se arbeiteten zwar für weniger geld, aba se waren längst keine japaneses mehr. Se machten a höllenlärm und klauten vi die rabis. Em den letzten jahren kehren viele nach Brasil zurück. Hoff ma, das se wenigstens die lampen dranlassen.

Ditão arbeitete dann für a ganz mega holding alemã, er va verkaufschef. Das is a firma, die, vi er sagt, über dem trockenfleisch is, auf alemao vi die made im bacon. Er wurde nach Salvador geschickt. Von da ging es nach Mexico. Er solte etwas mehr bewegung em da filial mexicana bringen. Die mexicanos waren nich specialment erfreut über den neuen chef, und nó weniger, weil er a brasileiro va – ein alemão ginge nó, aber a brasileiro! Trotzdem, mit da zeit gewöhnte ma sich an ihn und mochte ihn sogar. Er var ser social und freundlich, das heisst, er trank schon em da puberdade fil, und als mensch, der sich dauernd mit andren trifft und verhandelt, braucht man immer a gemeinsames gläschen mit dem client, um das eis zu brechen, und dann wird nó mehr getrunken, obwohl kein eis mehr da is. Und em Mexico wurde das allmählich evident. Die direcção trat an ihn heran und sprach ihren vertraun aus, nur: se geben ihm a geschenk mit, se zahlen ihm ein entzug. Er ging schimpfend davon, und beide, Ditão und Doris, kehrten zurück nach Brasil. Er übernahm die representação de diversas firmas, alles ging em die hos. Se lebten vom geld, das Doris als chef-secretaria verdiente. Das probleem des alcoolismo wurde nich kleiner, und er verursachte auto-unfälle am laufenden band.

Einmal sasz er em a bar des letzten ranges, vou nutten, zuhälter, dealer und alles mögliche verkehrte. Irgendwann so um 1 uhr morgens commt a tipo zu ihm, erklärt em a lange histori, das er die freunda abholen muss, weil ir auto caputt is, bla bla. Und die Quantum da draussen – a modelo brasileiro da Volks (wagen) und relativamente teures – is ja von ihm, oder? Kann er nich das auto curt ausleihn? Ditão gibt ihm den schlüssel. Die leute um sein tisch fragen ihn, ob er bekloppt is – er spielt ja mit seinem schicksal! Der siht dó sein auto nie vida! A stunde später come der tipo vida und gibt ihm den schlüssel zurück. Noch a stunde vergeet, und ein andrer tipo mit a lange histori come zu ihm, vas er um die uhrzeit so unbedingt tun muss, und dafür braucht er ein auto. Und Ditão gibt ihm den schlüssel. Die leute am tisch sind totalmente aus dem häusle, also einmal ginge nó, aba zweimal! Der muss im wahnsinn baden, das gibts ja nich! Daneben sitzt aber a mae de santo, a candomblé-priesterin, die sagt, diz tipo, Ditão, is standhaft, i kenn ihn, ihm wird nix passiren. Und se hat recht, ao der tipo come zurück mit dem schlüssel.

Einmal fuhr er a freunda abends zum hospital, wartete davor, als 2 bandidos einstigen und a pistol an seine schläfe hielten. „Fahr los", befihlen se, und er tat, vas man ihm befihl, ohne se anzuschaun. Ma hörte sirenenheulen und se sagten, er soll langsam und unauffällig fahren. Se fuhren an diversos drogenumschlagplätzen vorbei, einer ging a par sachen erledigen und kam dann vida. Nach drei stunden waren se mitten auf der leren landstrada, se befihlen ihm anzuhalten, und er dachte, nu come die stunde da wahrheit. Se stigen aus und sagten, „Ciao, danke! Bist a cool cumpel!"

Doris versuchte ihn zu verlassen, kam aber immer zurück, nach dem motto, se muss ihn wol oder übel ins grab begleiten, se kann ihn nich alleine lassen. Ditão versuchte zweimal aufzuhören, hatte delirium tremens und a schlimme zeit. Eines tages fur er mit dem auto, blib grade noch sten und colabierte. Er dachte, seine stunde va gekommen. Ma peppelte ihn im hospital auf und er rürte nie vider a tropfen alcohol an.

Ditão macht heutzutage techniche übersetzungen, und er kann sich vor anfragen kaum retten. Er macht sein arbeit ser gewissenhaft und mit freude. Er übersetzt grade zum spass den aufsatz von J.M.E. McTaggart ins português. McTaggart stellte anfang des 20. jarhunderts die tese auf, das die zeit nich existie. Eigentlich var er im Ditãos augen ein arschloch, der half, Bertrand Russel – den Ditão ser bewundert – wegen dessen pacifismo vor dem 2. Weltkrig aus der Cambridge Universidäd auszuschliszen, er trennt aba zwischen mensch und werk. Das sich jemand vie ein arschloch benommen hat, heisst nich, das er nich a genial aufsatz schreiben kann.

Lustig va, als das Bayerische TV a beitrag über sein brudo drehte und Ditão und seine schwesta befragt wurden, ob ir brudo Zé schon immer so etwas plemmplemm va – naja, vermutlich hat er es nich so drasticamente formuliedo. Er volte meine histori mit dem serviço militar erzälen, und normalmente sagt man im Brasil „der exército" – auch auf alemao. Er wusste aba, das das kein alemao wort is, er suchte im geist das alemao wort für „armee" oder „heer" und antwortete: Der Zé wollte nich zu die Wehrmacht gen, dann hat er sich verrückt fingiert und die Wehrmacht hat ihn befreit!

Am näxten morgen mach ich mich auf den weg. Hit the rode, Jack. Va nett hir. Beidi sind zufriden mit dem leben, sten zueinander und wollen miteinander alt verde.

Ich far nich über die verkeersreiche costa-nahe autoban, sondam über die ruhige landstrasze im hinterland. Hir könnte ma glauben, ma beweegt sich durch ein europishe landschaft. Es is sonnig und frisch vie an eim alemao sommermorgen. Unter andrem nimmt mich Cristiano mit, genannt Tico. Schon vida LKW-farer. Er liest neuerdings fil mer, seitdem es bücher an den tankstellen gibt. Das is vileicht die lösung, ma mousse die bücher da verkaufen, vou die leute hingeen.

das leiden der mittel-classe brasileira

Ich hab mal auf wikipedia die curtbiografie do autor de bestseller Paulo Coelho gelesen, da stand, das er im a familie der gehobenen classe geboren wurde. Ich schaute im die brasileira wikipedia und da stand, er var a son da mittelclasse. Engeniero. Im Alemanha mittelclasse, im Brasil mittelclasse. Aber im alemao var es lange undenkbar, „Brasil" und „mittelclasse" im einem atemzug zu nennen. Naja, nich nur im Alemanha.

Obwol Brasil aufgrund da ser geringen und ländlichen populacion nie zu den mächtigen ländern da welt gehörte, var es trotzdem nie ein armes land, weil der boden, mit ausname des Sertão, so fruchtbar is. In den 60er und 70er jaren wux das land ser rapide, es va das China da 70er jare. Brasil stieg zur potencia econômica nummer 8 da welt auf.

Es va die zeit des „milagre econômico", des wirtschaftswunders. Es gab drei wirtschaftswunder in da welt: das japanian, das alemao und das brasiliano wirtschaftswunder. Das japaniano wunder entstand dank des fleisses und der fähigkeit da japaneses, producte zu copiren und zu perfeccioniren. Das alemao wunder entstand dank der disciplin und des hohen bildungsniveaus da populacion alemã. Und das brasiliano wirtschaftswunder, naja, das va realment a wunder, das kann ma nich erklären.

Das einzige problem va, das die richtig armis arm bliben. Zu dem zeitpunct erfand ma den Gini-Coeficient, bei dem ma das einkommen da reichsten 10 % mit dem einkommen der ärmsten 10 % vergleicht, und da is Brasil als das land rausgekommen, das die gröszte diferenz aufwis. Daraus schloss ma, das es keine mittelclasse in Brasil gibt, vas naturalmente nich stimmte. Die brasiliano mittelclasse machte mer als ein drittel da populacion aus und weniger als die hälfte. Das is nich fil im vergleich zu Westeuropa zum exempel, aba fil im vergleich mit da ganzen welt. Jedenfalls ha das land seit da zeit die fama, das ungerechteste land auf Erden zu sein. Massen von tv-redactoren besuchten das land und die erste frage va, „Vou is die näxte favela?“

Anfang der 80er jare stolperte das land und tat sich ganz schön we. Es stand directamente vor dem abgrund, halb bancrott, mit inflacionsraten von bis zu 2000 % im jar. 15 jare später wurde Fernando Henrique Cardoso president, besiegte die inflacion, und seitdem wäxt das land vida, nich in astronomicos sferen vie China oder India, dafür immer auf nummer sicher, sofern heutzutage irgendwas noch sicher sein kann. Für die governos seit FHC is die stabilidäd wichtiger als das waxtum. Vas noch besser is: seitdem schliszt sich die schere zwischen arm und reich allmälich, in a zeit, in der das selten in da welt der fall is.

FHC rif vile sociale programme ins leben und machte eine gute regir. Lula und Dilma machten eine änliche politik, so schafften dise regirus, das waxtum zu fördern und gleichzeitig die armut deutlich zu reduziren. Dutzende brasiliano multis machen sich in der welt breit, der ölmulti Petrobrás var unter den 5 firmen mit dem gröszten profit weltweit, Vale unter den 3 groszen bergbaumultis, Odebrecht und Camargo Correa baun autobanen und staudämme überall in der welt, Gerdau produzir stal in 14 ländern, H. Stern findet man auf jeder alemã fuszizone, der gröszte brauereikonzern der welt is der belga-brasilian Inbev. Lufthansa, vie so vile fluggesellschaften, fliegt brasilian embraer-flugzeuge, und den hamburger, den man am aeroporto verdrückt, ha der brasiliano Burger King gemacht. Der zweitgröszte TV-Concern der welt is die brasiliano TV Globo. Und Brasil leit der EU geld aus, damit sie die crise überwinden kann. Schon lustige zeiten!

Inzwischen is die merheit der populacion mittelclasse. Beschweren tut sich vor allem die mittel-mittelclasse und teile der oberen mittelclasse. Das sind die leuti, die gegen Lula und Dilma stimmen, um die 40 % der populacion. Obwol sie zänekirschend zugeben, das es inen besser get, hassen sie Lula, und ham ihn schon immer gehasst. Weil er „ein ignorant“ is, weil er ein representant vom „povinho", vom völkchen is, und damit noch pralt.

Eine NRO, die für costenlose verkersmittel cämpft, organisierte ein protest gegen die preiserhöhung bei bussen, da sind nich nur leute gekommen, die sich für ein besseres transportsisteem einsetzen, sondern auch leuti, für die die governement nich links genug is, aber vor allem das grosze heer antipetistis der mittel- und oberen mittelclasse. Vas ma so hört, sind die gewönlichen criticus, die die antipetistis der mittelmittelclasse schon seit 10 jaren machen. Oficiell lauten die criticu-puncte: 1) nie var Brasil so corupt vie heut, 2) das land hat einen der höxten steuersätze, ma bekommt aber nix für die bezalten steuern – straden, hospitäler, scholen sind all in eim schlimmen zustand, und das, weil ma das ganze geld für den schuldendienst und unnütze stadien ausgibt. 3) Das land is ungerecht, 4) das land wäxt zwar, aber weniger, als es könnte, 5) das verschenken von geld an die armen, statt inen arbeit zu geben.

Natürlich gibt es corupcion in Brasil, vie in jedem land, wobei die corupcion zunimmt, je ärmer das land is, und Brasil stet in der corrupcionstabelle da Transparency International sogar etwas besser da als in der einkommenstabell. Vas den zustand der straden betrifft: ich bin ja nu durchgereist, von einer spitze zur andren, und die straden sind in a fil besseren zustand als vor 20 jaren – da san die straden vie eine kraterlandschaft aus. Vie die öffentlichen hospitäler ausseen, weiss ich nich, aber sicher kennt sie dise mittelmittelclasse kaum – sie sind zimlich alle privat versichert. Vas die auslandsschulden betrifft, müssten die brasilis zweieinhalb monate umsonst arbeiten, um die auslandsschulden zu zalen, wärend die deutshis ein jar bräuchten und el islandis sogar 10.

Keine frage, seit der bekanntgabe der WM in Brasil wird geld verschwendet, nur, die ausgaben dafür werden je nach quelle auf 7 oder 11 miliarden geschätzt, wärend zur gleichen zeit 500 miliarden für gesundheit ausgegeben wurden. Also, selbst wenn die hälfte der WM-ausgaben unnütze waren, sind es ca. 5 miliarden, das heisst 1 % der gesundheitsausgaben –

damit kann man das gesundheitssisteem kaum verbessern, und wenn ma das täte, würd es keini merken.

Vile brasilis fragen mich, „Da draussen is alles vil besser, gell?“ „Wo da draussen? ‚Da draussen‘ is grosz!“ Tja, es is so wie mit der Pisa-Studie, wo Brasil fast schlusslicht war: ma nimmt sich 27 länder der ersten welt und dann noch 3 quotenschwellenländer, und die schneiden – überrasch! – schlecht ab. Brasil is eben nich erste liga, sondern zweite. Aber es gibt mer ligen unter als über Brasil. Immerhin leben die brasilis besser als 4/5 der weltbevölker.

Ma beschwert sich über die öffentlichen verkeersmittel. Bus und ban faren voll zu den stoszzeiten, keine frage. Das is aber warlich keine brasiliano specialität, und wenn ma sich so gern mit reichen ländern vergleicht, um in ein tifen frust zu verfallen, sollte ma sich mal in disem fall mit der tokyoter u-ban vergleichen: da fült sich eine u-ban in São Paulo wie eine einöde an. Es gibt sogar leuti, die die regiru für die staus verantwortlich machen. Was wollen die, Brasil produziert inzwischen mer PKWs als die USA, erwarten die dann freie straden wie in Nordkorea?

Und wenn die brasiliano regiru so schlecht und corupt is, sollte ma vileicht die ganze WM-organisacion zu a swizi überlassen, zum beispil Herrn Sepp Blatter, der is sicher ser erlich, wenn er schon swizo is und kein brasilo.

Vil besser is die tatsache, das ich auf meiner 3-monatigen reisu keine straszekindis mer geseen hab, das ich durch merere favelas gelaufen bin, one das mir was passiert wär, das ma fast an jeder ecke in der periferie der groszstädten eine bar findet, in der poetry slams stattfinden, das eine neue, eigene, von Europa unabhängige cultur entsteet. Das so vile jungis studiren, das busse kindis in den entlegensten einöden abholen und zur schule bringen. Insgesamt bin ich ser optimist, ich finde, das Brasil vil glück hatte mit den zwei letzten presidentis und hat es immer noch mit der jetzigen, Dilma Rousseff. Eigentlich hatte ganz América Latina mer oder weniger glück. Oder vileicht is es nich nur glück, vileicht lernen die leut.

der polenstat

Paraná

Der bundesstat Paraná is der nördlichste der südlichen staten. Der süden is die europianoste region von Brasil. Die paranaenses stammen von europis ab, und der stat is derjenige mit den meisten polskis und ukrainis. Es wird herbst, es wird kül, und ich zi meine lange hose nich mer aus.

Die hauptstadt Curitiba wurde von der UNO als eine der ökologischsten städte der welt gekürt und wird gerne von stadtplanern weltweit besucht. Da werden interessant ideen realisiert, zum beispil ein shopping center aus rezikliertem material, oder auch, das die stadt den leute getrennten müll abkauft. Die wärung is klopapir. Bringt ma genug müll hin, kann ma den ganzen tag tüchtig scheissen und muss am ende kein zeitungspapir nemen.

Ich möchte endlich den ayahuasca-te kennenlernen, a misch aus der amazoniano liane jugube (banisteriopsis caapi) und der blätter der gebüschs, den ma chacrona nennt (psychotria viridis). Das jugube gibt die kraft, für das licht is die chacrona zuständig. Er wurde schon in pre-colombiano zeiten von den inkas und andren südamerican indianis in ritualen eingenommen. Am anfang des 20. jarhunderts hatte ein mann namens Raimundo Irineu Serra eine vision und gründete die religion Santo Daime – „Heiliger Gibmir“, die mystische indianische, afrobrasilianische und katolisch elemente mischt. Die gruppe hat es geschafft, das der te in Brasil (und dann in den USA) nich mer als droge geseen wird, wenn er in religiösen ritualen eingenommen wird – die religionsfreiheit war den richter ein höheres gut. In Deutshland wird er weiterhin criminalisiert.

Hab versucht, eine session von Santo Daime zu besuchen, aber ich war immer am falschen ort zur falschen stelle. Auf der suche nach alternativen hab ich festgestellt, das es noch eine andre richtu gibt, und zwar die Uniao do Vegetal. Die macht widerum ein sincretismus aus spiritismus und amazonismus, wenn ich das so sagen darf – sie nennen es die religion des urwaldes. Und schliszlich hab ich das Instituto Ayahuasca entdeckt. Nach eigenen angaben is es ein Schul-Tempel des Höheren Wissens, in dem mit den Schlüsseln des Aufwachens der Höheren Sexualität und der Auflösung des Ich gearbeitet wird. Der ayahuasca-te wird als das Blut Christi in pflanzlicher form bezeichnet. Ma holt sich begriffe vom cristentum, vom buddhismus und andren religionen, ma spricht vom Transanubianischen Wissen, vom Wilden Gnostizismus.

Da die centrale in Curitiba is, schau ich mal vorbei. Ich muss ein formular ausfüllen und 6 euro zalen. Es is ein normales einfamilienhaus, die allgemeine stimmu is gelassen. Ein schlanker, groszer typ in anzug und cravatte erscheint und fängt an zu reden. Mit dem anzug und cravatte denkt man an ein pastor, er hat aber keine fertige rede, er redet, wenn ihm was einfällt. Er spricht davon, das ma die Göttliche Mama bitten kann, den müll in uns – die wut, den hass, die angst, die sucht zu verbrennen. Nich direct mein geschmack, das mit der sucht, das klingt ja quasi evangelicalisch. Ich hab ja eine sucht, die des rauchens, und finde nix schlimmes dabei. Clar, ma macht sich abhängig, aber wir sind als menschis von vilem abhängig: luft zum atmen, flüssigkeit zum trinken, essen zum essen, und wir müssen schlafen. Und dise abhängigkeit is vil stärker als die vom rauchen, one atmen oder essen kann ich nich leben. Wärend wenn ich als schiffsbruchi auf eine einsame insel land und nix zum rauchen hab, sag ich, scheisse, nu hab ich keine zigaretten, aber sonst wird mir nix passiren. Er spricht aber eer von den andren süchten, wie alcohol und drogen. Ja, wer ayahuasca nimmt, sit sie als substanz gegen die drogen.

Es is auch die rede von sexueller abstinenz, die zur Höheren Sexualität fürt. In dem fall hat es wenig mit der cristlichen moral zu tun, eer mit der tantrischen – der orgasmus raubt die energie vo die menschis. Kann gut sein, aber es macht höllisch spass.

Die männer werden in den keller geschickt, die fraun bleiben im hof, nach aussen wird eine stellwand aufgestellt, der veteran Marcos Vinicius und ich müssen draussen bleiben, vor dem garten nahe zum eingangstor. Wir ligen auf matten, krigen decken, uns wird der te serviert. Schmeckt nich wie champagner, könnte aber vil schlimmer sein. Marcos erklärt mir, als anfängi muss ma brechen und scheissen, und das is gut so, es is a reinig. So richtig scharf drauf bin ich nich. Als ich im letzten jar malaria in Africa hatte, musste ich auch durch eine brech- und kackorgie, und das war warlich kein spass. Andrerseits sagt er, ich soll ruhig durch die wirbelsäule atmen und die Göttliche Mama bitten, alles böse zu verbrennen. Eigentlich is bei mir nich vil los, dann bekommt ma noch eine porcion, ich darf entscheiden wievil und nem ein halben becher. Marcos nimmt ein ganzen, und so get es weiter, bis ich merk, das Marcos schon über alle berge is – er fragt ein betreuo, ob sie ein wolf geseen ham, der mit seinen füszen gespielt hat. Der betreuo sagt, is ja nich schlimm, oder? Wenn er ihn nich angreift? Später erzält er dem „pastor" davon, er meint, Marcos sollte dann contact mit den wölfen aufnemen. Bei mir is noch nix, ich neme dann volle porcionen. Was mir auffällt is, das Marcos plötzlich wie ein kampuchana mädchen aussit, das mit freude das leben entdeckt. Ich bin von disem garten fasciniert, durch den die sonne scheint und in dem die cacteen frölich tancen, und vor ihm stet eine kleine fontäne mit der statue einer grekiano gotta, die blau-rot irisiert. Am eingang, unterm dach von eim kleinen weissen zelt, stet oder sitzt immer a betreui, die keini raus- oder reinlässt, das ganze haus is von einer spirituellen schutzwand umgeben. Ich setz mich auch auf ein stul neben sie und schau mir den garten in seiner vollen pracht an. Plötzlich wird mir übel, ich versuch, durch die wirbelsäule zu atmen, oder zumindest mir vorzustellen, das das atmen von der wirbelsäule kommt, auch wenn ich clar füle, das dis arbeitu von der lunge ausgefürt wird. Es get curz vorbei, kommt aber bald wider, und ich denke mir, wenn ich jetz den eimer vor meiner matte hol, um da reinzukotzen, werd ich auf dem halben weg umfallen, also bitt ich ein betreuo, den eimer zu holen. Ich wach auf mit 4 oder 5 augenpaaren, die mich anstarren und fragen, ob es wider get. Und ob ich mich hinlegen will. Ja, das is sicher eine gute idee, da kann ich wenigstens nich umfallen. Ruhe kehrt wider in mir ein. Die betreuis, die hin und her gen, sitzen und reden oder einfach rum sten und von den lichtern im garten durch das laub bestralt werden, sind meist grosz und schlank, und von inen get kraft aus, kraft und würde. Sie scheinen ser centriert zu sein. Sie reden vil mit den händen, und es sind ästetische bewegus voller gerichteter energie.

Ich hab die Göttliche Mama, die energie nich kennengelernt, von der sie sprachen, vileicht hätt ich bei meiner unempfindlichen körperchemie deutlich mer vom zeugs nemen sollen. Es war trotzdem schön, und vileicht war es auch nix anders, weil ich nix anders gesucht hab. Müsst ich öfters machen, um dise gottis kennenzulernen, aber von Deutshland nach Curitiba is es nich grade ein katzensprung.

fussball

Lange zeit war fussball eine unpopuläre sportart in Brasil. Der war was fremdes, was englishu, sagte ma damals. Wir sollten uns nich schon wider colonisiren lassen mit sportarten, die nich mit dem brasiliano geist compatibel sind. Der erste grosze star des brasiliano fussballs war Arthur Friedenreich, und nach manchen statisticus der mensch, der die meisten tore in der geschichte schoss. Er war der son von a deutshe kaufmann und einer schwarzen wascha, die natürlich keine deutsha war, und er war mulatt. Schwarze, im sinne von nichtweissis, durften in den meisten klubs nich spilen, in der nationalmannschaft waren sie ebenfalls verboten. 1922 wurde das gesetz abgeschafft. Nix jedoch hat sich geändert: die brasiliano mannschaft, die Seleção, blib bis 1958 weiss. Da war dann plötzlich ein 17-järiges fussball-genie, OK, hat ma gesagt, aber der is schwarz wie die nacht! Kann ma nich bringen! Am ende gewannen diejenigen, die der eficienz priorität gaben, und Pelé gab dem land seine erste WM.

Friedenreich benützte gel, um seine krause hare zu glätten. Dann ging er zu den klubs hin, zeigte sein blonden namen im ausweis und sagte, ir set, ich bin weiss. Heutzutage könnte ma meinen, es gibt ein weissiverbot in der Seleção, aber die proporcion von nichtweissis im fussball is hoch: wenigis in der mittelmittelclasse (oder höher – ich werd sie einfach mittelclasse nennen, wenn ich von der unteren mittelclasse spreche dann specificir ich das) speculiren mit einer fussball-cariere. Im klub-fussball allgemein sit ma schon weniger weisse, in der nationalmannschaft ham sie schon seltenheitswert.

1950 war die WM in Brasil, das land hat 7:1 gegen Schweden gewonnen, 6:1 gegen Espania, und brauchte nur noch ein remis gegen Uruguay – es gab kein finale, sondern eine gruppe mit den 4 gruppensigern. Brasil schoss das erste tor, Uruguay glich aus und 11 minuten vor schluss schoss Uruguay ein zweites tor. Das war sicher das gröszte kolektive trauma, das das land je erlebte.

Von 1958 bis 1970 gewann Brasil 3 mal und wurde auf einmal record-weltmeister. Danach kam aber eine lange durststrecke von 24 jaren. In den 80er jaren spielte das land ein ser schönen und eleganten fussball, mit Zico, Falcao, Sócrates. Es war auch efizient, aber die mannschaft hatte pech, und bei turniren, wo ma nach einer niderlage rausfliegt, is dises pech eben fatal. Das macht den reiz des fussballs aus: dadurch, das so wenig tore im vergleich zum beispil mit basketball fallen, kann eine schwächere mannschaft ein 0:0 halten und im elfmeterschiszen gibt es kaum mannschaften, die besser sind als die andren.

Erst 1994 stand Brasil wider in eim finale, ausgerechnet gegen Italia, das sich mit remis und 1:0-fussball durchgemogelt hatte. Und ich dachte mir, die italos werden es am ende noch schaffen, zu gewinnen, einfach unglaublich! Es kam zum elfmeterschiszen, und ich konnte nich mer zuschaun, ich musste immer wider raus. Und als ich einmal wider reinkam, die brasilis und brasil-simpatisis feiern sa, war ich völlig aus dem häuschen. Ich war in Schwabing, rannte hemdlos raus auf die Leopoldstrasze, stoppte den verkeer und schrie wie ein berserker, „Wir ham gewonnen!".

1998 is was seltsames passiert. Brasil kam zum finale gegen Franse, nur: ich hab schon geseen, wie Brasil gut spielte und gewann, wie's gut spielte und verlor, wie's schlecht spielte und gewann und wie's schlecht spielte und verlor. Aber so ein spil hatte ich noch nich geseen. Brasil war schon im 0:2-rückstand und spielte, als wär es in eim freundschaftsspil gegen Angola. Meine teorie: kurz vor der WM fanden walen in der FIFA statt. Der alte (brasiliano) vorsitzende João Havelange wollte aufhören und sein posten an seinen vertrauten Sepp Blatter weitergeben. Nur, da war noch ein kandidat, der sverigo Johansson, der mit der korupcion in der organisacion aufräumen wollte. Wenn der drankäme, wär das ein GAU für Havelange und seine klicke. Johansson hatte die besseren chancen, und plötzlich stimmte Franse und der ganze francofone block von Africa für Blatter. Damals äusserten vile zeitungen den verdacht auf korupcion, das ma den ganzen block geschmiert hätte. Eine andre möglichkeit wär aber, die FIFA versprach den fransis die WM. Wie ma dann die brasiliano spiler zwang, das spil zu verliren, weiss ich nich, aber Havelange war ja mit dem vorsitzenden vo die Brasiliano Fussballverband Teixeira verschwägert, und sie hätten sich was leicht einfallen lassen. Gut möglich, das Franse damals auch one schibung gewonnen hätte, stark genug waren sie ja, aber so lasch ham die brasilos selten gespielt, erst recht nich in eim finale.

Und seitdem hab ich den eindruck, Brasil darf nur in gewissen WMs gewinnen, in den andren dürfen die spilis in die diskos gen, halligalli machen und das leben geniszen.

In Brasil darf Brasil sicher gewinnen, was natürlich nich heisst, das es auch tatsächlich gewinnt. Wenn Brasil nich gewinnt, dann hoff ich wenigstens, das ein südamerikaner es tut, auch wenn es eine zimliche schmach wär, wenn sich ausgerechnet Argentina den tittel in Brasil holen würde. Ich hätte auch nix dagegen, wenn ein afriki gewinnen würde. Nich gewinnen dürfen auf dem americano kontinent nur die europis – früher wurde eine WM in Europa, eine auf dem americanu gehalten, nu gibt es eine WM in Europa und dann eine irgendwo in der welt, also sind die europis im vorteil. Ma glaubt, in Südamerica gibt es keine gescheiten clubs, nur weil ma von inen nie hört, aber es is eben so das in den wichtigen europiano ländern nur ein, zwei oder maximal drei mannschaften meister werden, in Brasil kann ein dutzend meister werden, und dann noch einige weniger starke, die trotzdem eine gute chance ham. Und auch wenn die europis die besten südamericanischen spilis kaufen, in den internacionalen turniren sten sie nich schlechter da als die europanus. Nich all im leben kann ma mit geld kaufen, im fussball ebenso. Sonst müsste Real Madrid allu gewinnen.

Schroeder und Pomerode
Santa Catarina

Mann, noch 1.100 km bis zur grenze, dann 500 zurück nach Porto Alegre, und da muss ich in 4 tagen sein, um mein flug zurück nach Deutshland zu nemen. Ich muss mit eim affenzan da runter, wenn ich das noch schaffen will!

Santa Catarina is der deutsheste stat, ungefär die hälfte der bevölker is deutshstämmig. Da liegt die gröszte stadt mit einer deutshstämmigen merheit, Joinville (/Zoin'vil(i)/), da liegt auch die berümteste „deutshe" stadt, Blumenau, und da liegt Schroeder, Pomerode und Lauro Müller, da liegt das austrishe Treze Tílias, das vor der nacionalisirung noch Dreizehnlinden hisz. Vile städte hatten deutshe namen, wurden aber im zuge der nacionalisirung in den 30er jaren brasilianisiert. Auch die straszennamen wurden grösztenteils durch portugaliano namen ersetzt, auf den straszenschildern stand nich mer „Strasze“, sondern „Rua“.

Mitnemen tun mich Jan Philip und seine freundin Laís. Es get mal wider den berg hinunter zur küste. Jan is grade zu faul für ein interviu, Laís hat keine probleme damit. Ire vorfaren sind aus Italia. Der papo hatte früher vil schlechte laune, das hat sich ser gebessert, nachdem er evangelikaler geworden is und mit ihm die familie – frau und zwei tochta. Einmal war sie schon in Europa, sie fand es nich schlecht, sie war nur etwas erstaunt über die menge negis in Franse und England. So was hat man in irer heimat Joinville nich. Klar leben auch swarzis in Joinville, aber lange nich in der koncentracion. Sie studiert mobilitätsingenieurwesen oder wie das auch immer auf deutsh heisst. Sie jobbt seit dem alter von 7 jaren als moddel, manchmal auch als ladenverkaufa. Sie is noch jungfrau. Das nennt man eine verschwendung von natürlichen resurssen.

Joinville is ein hafen und weltoffen. Blumenau liegt in eim geschlossenen tal, is etwas konservativer und deutshtümelt noch ein bisschen. Da findet angeblich das zweitgröszte Oktoberfest der welt statt, nach dem in München. Da kriegt ma noch steuererleichterung, wenn man ein fachwerkhaus baut. Als ich nach München kam und irgendwann sa, das es ein virtel gibt, das Blumenau heisst, fragte ich mich manchmal, ob beide namen was miteinander zu tun ham. Ob der name der brasiliano stadt von disem virtel kommt? Eines tages erzälte mir mal der urgroszhaderner Bert, das der name vom münchner virtel aus Brasil kommt. Nach dem zweiten weltkrig kam ein auswanderer zurück und baute sein haus auf der wise zwischen Laim und Groszhadern. Und weil er sich nach seim Blumenau in Brasil sente, nannte er sein haus Blumenau. Als er sich in der kneipe verabschidete, sagte er, er get zurück zu seim Blumenau. Also sagten die leute, ge ma jetz nach Pasing über Gräfelfing oder über den Blumenau? Mer häuser kamen dann dazu, auch hochhäuser, und heute is es ein virtel mit 18.000 einwonern, das eben Blumenau heisst.

Clara informiert mich, das ire freundin Tetê auf dem weg nach Porto Alegre is, und mich mitnemen könnte – wir kennen uns auch – ich müsste nur bis morgen warten. Klar mach ich das, am folgenden tag holt sie mich ab, und es get weiter in den süden.

Tetê Espíndola is eine bekannte sängerin, bekannt vor allem, weil sie anders is. Sie kommt aus Campo Grande, in Mato Grosso do Sul. Die mamama war türka und der mapapo war indian. Wobei das wort „türka" da fel am platz is. Das sind syrer oder libanesen. Aber damals kamen sie mit dem pass aus dem Osmanischen Reich, also hat ma sie entsprechend genannt. Der papapo war espanian, eigentlich früher italian, die pamama war paraga, also aus Paraguay. Die perfekte mischung, oder felt da noch was? Irgendwo weiter hinten auf der papa-seite war noch eine zigeunerin – ob sie sinti oder roma oder eine andre zigeuner-richtung waren, kann ich – und sie – nich sagen, und „ciganos" falsch mit sinti und roma (es gibt zigeuner, die keine sinti und roma sind) werd ich nich übersetzen.

Sie wonten an eim platz, dann kam der cirkus und okupierte ein teil von irem garten. Die kinder liebten es, weil sie dann auch mitanschaun durften, one zu zalen. Und sie schauten fasciniert dem teater zu, damals wurde noch vil teater im cirkus gespielt. Als er dann weiterzog, spielten die kinder selber teater. Das haus, in dem sie wonten, spukte. Eine junge frau heulte nächtens von der tife des brunnens, türen gingen auf, türen schlugen zu. Das alles hat mit den supranaturalen fähigkeiten der mama zu tun, sie konnte eine tür fernöffnen und fernschliszen, sie konnte einiges, wobei das mit dem fernöffnen könnt ich auch, wenn ich nur eine fernbedinung hätte.

Die mama machte vil musik, wie auch ire geschwister, drillinge inklusive – die spilen dann sexhändig. Tetê ging nach Cuiabá studiren, und von da kam sie nach São Paulo. Sie liebte die Beatles und die Rolling Stones, und vor allem Janis Joplin. Und sie fing bald an, konzerte zu geben. Irgendwann besuchte sie den jungel am Amazonas mit eim ornitologen. Und plötzlich hörten sie den uirapuru singen. Der uirapuru is ein kleiner vogel, wenn der aber singt, bleiben die andren vögel still. Und Tetê fing an, mit dem uirapuru zu komuniciren. Der uirapuru wird sich gedacht ham, was will die tussi? Sie machte dann vile vögel-aufnamen, mit vögeln kennt sie sich aus. Sie singt manchmal wie ein vogel und manchmal setzt sie vogelgesang als begleitung. Sie macht merere gemeinsame projekte mit andren musikern, eines is mit dem franciano komponisten Philippe Kadosh. Der macht eine etwas verrückte, avantgarditische musik, aber doch interessant und relativ hörerfreundlich. Er hat schon mal eine musik mit toten sprachen gemacht, Tetê musste vil überlegen, mit was für eim akzent sie das bringt. Übrigens, sie singt in eim ser speziellen hoch, schon manchen vögeln änlich. Das sie das so kann, hat sie auf eim pilztrip entdeckt. Sie is seit langem mit dem musiker und komponisten Arnaldo Black zusammen. Der stammt von russen ab. Sie is schon durch Europa geturt. Ir lieblingspublikum is das deutshe.

Ja, in der gegend hatte ich auch mein magic mushroom erlebnis, wenn man es überhaupt so bezeichnen kann. Ich war mit Shazza in einer kleinen pension in Bombinhas (schwäbisch „Bömble"), an der küste, und ich überlegte mir, wie ich die präsentations-show mit möglichst vil präsenz präsentiren könnte, die ein par wochen später stattfinden sollte. Mir fil nix ein und ich beschloss, mal pilze und inspiracion zu suchen. Es war so 9 ur morgens und ich fur mit dem mietauto los, ins inland hinein. Ich sa überall kü – sie waxen ja vom kumist, ich meine die pilze, nich die kü – leider alle in sicht vom bauernhaus, und ich wollte nich einfach über ein zaun springen und geseen werden. Ich fand aber eine wise, halb von eim berg umzingelt, da waren keine häuser in sicht. Gleich danach ging eine staubstrasse rechts ab, da parkte ich, sprang über den zaun und ging zur wise. Die stire und die kü waren alarmiert und kamen geschlossen in einer reie auf mich zu, dazwischen war aber ein graben, durch den ein bächlein lif. Und so konnte ich entlang dem graben gen, die kü bzw. die stire umschiffen, und hinten rum über das bächlein springen. Die kü liszen mich in ru und ich konnte suchen, war aber alles zimlich trocken. Keine chance. Ich ging wider zurück zum auto, und mein autoschlüssel war wek. Ich musste zurück zur wise, suchen, suchen, suchen im bächlein, war aber schwirig, alles voller pflanzen. Und irgendwann musste ich aufgeben. Es war ser blöd, weil auf dem rücksitz Shazzas tasche lag, und da war alles von ir drin – ausweise, karten, geld. Ich hatte nur zwei opcionen, das auto sten lassen und in die näxte stadt trämpen, oder das glas kaputt machen, damit die tasche garantiert war. Ich hätte aber ein kaputtes mietauto. Am ende hab ich mich für nr. 1 entschiden. Nur, mit trämpen war nix, keiner hielt und ich musste zwei stunden in der prallen mittagssonne zum näxten städtchen pilgern. Als ich da ein schlosser fand, eer schon im rentenalter, meinte er, er kann das problem lösen, aber erst muss er was essen gen. „Mann, das is ein notfall! Das ganze zeug is drin, alles, was wir an ausweisen und geld ham!" „Keine sorge, hir passirt nix, wir sind hir nich in São Paulo. In der nachbarstadt hams mal vor ein par jaren eine tankstelle überfallen, aber hir gab es noch nie so was." Nützt alles nix, ich muss warten. Er kommt dann vom mittagessen zurück und wir faren hin. Er schafft es, nich der schnellste, das auto aufzukrigen, aber keiner seiner schlüssel passt in die zündung. Also gibt es nur eine opcion, schloss raus und dazu ein neuen schlüssel machen. Am liebsten an der tür und nich am lenkrad. Das macht aber nich er, sondern die leute von der werkstatt. Wenigstens hab ich die tasche, das war eine grosze erleichterung. Wir faren in die stadt und ich komm zurück mit eim jungen typen aus der werkstatt, blöderweise hat er genau den schraubenschlüssel nich dabei, den er haben müsste. Also wider in die stadt, das richtige werkzeug holen. Und dann wider zum auto. Er demontiert die tür, nimmt das schloss raus und wir bringen es zum schlosser – das schloss für die zündung is das gleiche wie für die tür. Der schlosser macht ein neuen schlüssel, wir faren zum auto, danach far ich zurück in die werkstatt, um die halbdemontierte tür und das schloss wider rein zu montiren. Fünf mal hin und her vom auto aus zur werkstatt und zurück. Ich far zurück zu Shazza, komm um 18 ur an, wo ich doch gesagt hatte, ich komm so um 12. Sie hatte nix zu tun und konnte nix essen, weil sie kein geld und keine karte hatte. Sie war ein bisschen sauer. Und ich hatte keine idee für die buchpräsentation. Später aber.

a lingua

Portugalian is keine besonders schwirige sprache. Die gramatik is nich ganz leicht mit den konjugazionen, aber natürlich vil leichter als deutsh, wo es auch deklinazionen gibt, 3 genus, 10 pluralformen, kaotischer satzbau, usw usf, wobei deutsh noch relativ leicht is, verglichen mit manch osteuropano sprachen. Von der aussprache is es einerseits leicht, es hat nur ein schwirigen laut, der selten in einer andren sprache vorhanden is, das /@uN/ der buchstabenkombinazion „ão", wobei z.b. der laut für „kâu" (ku) oder „lâu" (lassen) in mereren süddeutshen dialekten anzutreffen is – der unterschid liegt in der nasalisirung. Wärend english 5 laute hat, die die meisten sprachen nich haben. Schwiriger is ein fenomeen im portugalian, das selten in andren ländern zu finden is: die relativität der unbetonten vokale. In Portugal werden unbetonte vokale zimlich schwach ausgesprochen und oft verschwinden sie ganz. So sind die portugalis bestimmt die einzigen, die es schaffen, ir land mit einer silbe auszusprechen: Ptgaul. Die brasilis schaffen das nich, auch wenn sie ebenfalls einige wörter ham, die teoretisch 3 silben haben müssten, z.b. das wort „duzentos" (200), aber meist einsilbig ausgesprochen werden, in dem fall wie „dsenz".

Im prinzip brauchen merere konsonanten, zum beispil P, T, K, stützvokale, normalerweise das E. Das is in Portugal ein schwa, ein indiferenzvokal, das heisst, der portugali spricht das E im wort „rose" wie die norddeutshi aus, die brasili spricht es als /i/ aus. Andrerseits sind unbetonte vokale am ende eines wortes (in Portugal überall im wort), was ma „vogais surdas" nennt, das heisst „taube vokale". Ma hat die feste absicht, den vokal auszusprechen, tut es aber dann doch nich – manchmal is ma ja müde –, dafür wird der letzte konsonant schon mit der „farbe" des vokals ausgesprochen. So spricht ma „copo" als /kOp/ aus, wobei das P schon eine u-farbe hat, weshalb ma /kOp(u)/ schreiben kann. Und so macht die brasili aus el englishe wort „sport" das wort „esporte". Ausgesprochen wird es, egal ob es „sport" oder „esporte" geschriben wird, als /(i)sportS(i)/. Solche vokale können taub sein, voll da sein oder ganz verschwinden, je nach situazion im satz und je nach situazion im leben: /(i)sportS(i)/, /isportSi/ oder /sportS/.

Ein andres problem sind die starken unterschide zwischen portugal-portugalian und brasil-portugalian. Ich hab mal die unterschide zwischen el europiano sprachen und ir americano varianten in der aussprache von buchstaben gezält, zwischen espanian und latinamerican espaniano waren 3 oder 4 unterschide, je nach region, zwischen british und USano waren es 11, zwischen portugalian und brasiliano waren es 24. Und dann noch die groszen unterschide zwischen dem ofiziellen portugalian in Brasil und dem straszenbrasilian. Eine argentinana erzälte mir, sie hatte 3 jare portugaliano gelernt, brasiliano portugaliano, wol bemerkt. Als sie Brasil zum ersten mal besuchte, dachte sie, entweder ma hat ir die falsche sprache beigebracht oder ma spricht gar nich portugalian in Brasil!

Das brasiliano hat sich von vilen gramatikalischen kapriolen verabschidet, aber sie sind nur in der sprechsprache wek, die schriftsprache hält sich weiter an el altportugaliano regele. So lernt man in der schule zum beispil die konjugation des verbes „querer" (wollen) so:

Eu	quero	Nós	queremos
Tu	queres	Vós	quereis
Ele	quer	Eles	querem

Manchmal schon „você quer" statt „tu queres". Sprechen tut ma tatsächlich so:

Eu	quero	A gente	quer
(Vo)cê	quer	(Vo)cês	quer
Ele	quer	Eles	quer

Wobei auch „vocês querem" und „eles querem" gebräuchlich sind, vor allem von der mittelschicht, wenn man nachrichtensprecher is oder ein jobb sucht. Ma kann jedenfalls sagen, das die einzige person, die definitiv anders konjugiert wird, die erste person im singular is. Übrigens, „quer" wird /kE/ ausgesprochen, also wi „kä".

Ein buch hat vor kurzem für ein aufschrei bei der mittelklasse gesorgt. Eine portugaliano-gramatik, in der die autora meint, ein satz wie „Nós pesca os peixe" (Wir fisch die fisch) statt „Nós pescamos os peixes" (Wir fischen die fische) is nich falsch, da er problemlos von andren brasilis verstanden und oft auch so erwidert wird. Das is die funkzion der sprache: komunikazion. Natürlich sollte ma sich im klaren sein, das mit einer solchen gramatik jemand mit gewissen schwirigkeiten konfrontiert wär, wenn er ein jobb als z.b. redaktör suchen würde, sagt das buch. Es wurde vom Kulturministerium in den schulen verteilt, also mit dem segen diser regiru! Dise ignorantenhorde von der regirung will noch, das alle so ignorant sind wie sie! Könnte ma von den englishsprachigen ländern genauso gut sagen, von den fransis, die ham ja auch fast keine konjugazionen mer, zumindest in der sprechsprache.

Mit espanian, so langsam wie nicht-espanis reden, kommt man in Brasil gut durch, ma wird meistens verstanden, wobei ma sich erstmal dafür entschuldigen muss, das ma mit a brasili espaniano redet. Danach is die brasili ganz or. Schwierig is die antwort vo die brasili zu versteen. Die schrift des portugalian is am espanian angeleent, also geschriben sind es ziemlich änliche sprachen. Und el espanis sprechen es so aus, wie's da geschrieben is, das können die portugalis und brasilis versteen, wärend die brasilis es ganz anders aussprechen, und die portugalis erst recht.

Als ich taxi gefaren bin, hab ich immer versucht zu raten, was für sprache im auto gerade gesprochen wird, mich für eine sprache entschieden und am ende der fart die fargäste gefragt, was das für eine sprache war. Bis auf 2 ausnamen war ich immer richtig mit meiner raterei. Einmal sind 3 typen eingestiegen, mein erster eindruck war, entweder polski oder russki. Und bei der arbeit rauszufinden, welche von beiden, bin ich zu dem schluss gekommen, das es weder die eine noch die andre is. Keine slavische sprache, germanisch oder romanisch aber auch nich – was dann? Suomiano get nich, wegen den vilen sch's – die suominis ham das gar nich. Magyarian? Zuhören: hm, doch nich. Grekiano kann auch kein sch. Türkian is es nich, arabian, iranian? Nein, schon europan. Kann nur shqiperiano sein, das heisst albanian. Ich hör etwas zu und versuch was über die berümte negativ-passive form in der mesoklisis zu erfaren, das dem shqiperiano eigen is, und plötzlich! Hör ich ein bekanntes wort! Hm ... und da noch eines, äh, äh, neeeeein! Die sprechen meine mamasprach! Waren natürlich portugalis.

Achten sollte man jedenfalls auf kleine falsche freunde. Residência heisst einfach wonung, und nicht palast. Apartamento heisst auch wonung, aber nicht 1-zimmer-wonung. „Professor" kann jemand sein, der in der uni unterrichtet, aber auch jemand, der in der grundschule seine weisheit von sich gibt. Das wort „estudante" bedeutet nich das gleiche wie „student", „estudante" kann auch jemand sein, der in die schule get. Und jemand der nur ein näkurs besucht, is genauso ein estudante (/(i)stud@ntS(i)/). In allen diesen fällen is deutsch die sprache, die aus der reie tanzt, zumindest unter den westeuropano sprachen. Es gibt aber auch fälle, in denen portugaliano das schwarze schaf is, zum beispiel heisst „balcao" nich etwa deutsch balkon, franciano balcon, sondern „teke". Im falle von bad/banho könnte es eine konzept-differenz zwischen germanischen und romanischen sprachen geben. Jedenfalls übersetz ich „banho" als „bath" in einem kleinen und einfachen bed-and-breakfast, die wirtin schaut mich entsetzt an. Was für eine dreistigkeit, in einem einfachen bed-and-breakfast ein bad nemen zu wollen! Dabei hatte ich keine anung, das „banho" mer is als bad: banho kann bad oder dusche bedeuten, hauptsache es gibt wasser.

Der brasili macht oft scherze, die von europis, oder zumindest von mitteleuropis, mit vorsicht gutiert werden – is das eine böse anspielung? Aber nein, was die brasili als scherz sagt, meint er auch so. Scherze sind nie atacken. Atacken arangiert man irgendwie anders, wo nötig. Ansonsten is er relativ höflich, auch wenn nich so höflich wie a richtig engli, geschweige denn wie a japani. Und er is relativ unfähig, nein zu sagen. Also sagt er liber ja, auch wenn es im endefekt ein nein bedeutet.

Und wenn ma schon von nein spricht: das wort für „ja" is „sim", wird aber nie gebraucht, ausser im sinne von „nein". Es is so, das ma normalerweise mit dem verb antwortet: „Gehst du in die stadt?" „Geh." Oder: „Warst du gestern bei der Maria?" „War." Manchmal sind es mehrere verben, oder ma vergisst das verb der frage, dann is die allgemeine antwort „É", also „is". Und dann ham wir das wort „pois", das heisst so was wie „also", „denn". Wenn du a brasili fragst, ob er dir die kaffeekanne rüberreichen kann, antwortet er, wenn er höflich is, mit „Pois nao!", das heisst wörtlich „Also nein", unwörtlich heisst es dann „Aber selbstverständlich!". Wenn der gesprächspartner es eine frechheit findet, das du die kaffeekanne willst, sagt er „Pois sim!", wörtlich „Also ja!". Das heisst dann „Ich geb dir gleich eine kaffeekanne, du idiot!".

Das südbrasiliano deutsch is a gramatikalisch sehr simplifiziertes deutsch, oft in dialektform – von den deklinazionen und vielen anderen irregularitäten is nich viel übrig geblieben. Die sprache is ausserdem eine misturada mit português, entweder in forma pura oder eingedeutscht. „Der cobrador hat trokiert" wär auf portugaliano „O cobrador trocou", und hisze auf deutschland-deutsch „Der Schaffner wechselte (das geld)". Ma steigt in ein auto, rechts an der console is die marcha, wo ma die marchas wexelt, unten is die embreagem, und für den rechten fusz is da der breque und der acelerador. Naja, viele einwanderer kamen, als es noch keine autos gab.

„Mais", das gemise, heisst auf português „milho" (/milju/), im südbrasileiro deutsch heisst es dann „milje". Ein professor aus Giszen, der eine zeitlang in Brasil war, erzälte mir, er fragte mal eine bäurin in der nähe von Porto Alegre, ob sie im bauernhof „mais" ham. Sie antwortete, „Ja, diese ratten und diese mais sind eine plaga, die fressen die ganze milje auf!" Für dialekt-ungeübte, „mais" is in vielen deutsche dialekte (wie auch im english) das wort fir „Mäuse".

Die südbrasileira variante von die deutsche sprache werd von die bese zungen „catarina" oder „katarinisch" genannt, wegen dem stado Santa Catarina. Werd sich die sprache halten kennen? Hier und da vielleicht. Aber mit die mobilidade progredindo, TV, ham kleine sprachen und dialetos ein schweren stand, nich nur in Brasil. Und am ende hat ma das einheitsglobisch, die sprache von TV Globo.

Ich möchte dem leser dieses lied nich vorenthalten. Wer deutsch und português kann, wird sich freuen. Wer wenigstens eine romanische sprache versteht, wird einiges verstehen, wer davon keine ahnung hat, kann gleich weiter blättern. Übrigens „mato" heisst „wald, busch".

Das MATO-LIED

Eu nasci lá bem no mato, wo die Strasze ist no fim.
Da hat's keine macadame, nur pântano und capim.
Não precisa Schuhe putzen, tralala, wie in der Stadt.
Niemand suja os sapatos, weil es eben keine hat.
De manhã eu me levanto, wenn café apitam tut,
denn zuvor hat's muito frio und wann schläft's sich noch so gut.
Morgens früh der galo canta kikiriki, das stört mich nicht.
Vá tu lá plantá batata, ich mich rühr' noch lange nicht.
Wenn ich mich gevestet habe, trink ich meinen chimarrão,
und dann nehm' ich meine Angel und peskier no ribeirão.
Tralala, que vida boa, nada de serviço há.
Setz' mich blosz auf die Barranke und der resto já se dá.
Doch wenn's zwölf Uhr hat gebattet, bem ligeiro dann nach Haus'.

In die Ecke die Tamanken, ich mich setz' zum Mittagsschmaus.
Tralala, ich ess' gern peixe, tralala, mit viel pirão.
Tralala, dann lacht mich immer, tralala der coração.
Mas despois geh' ich zur Arbeit, in der roça, das ist schwer.
Dann peguier ich meine foice und rocier die capoer.
Ai, ai, ai, como isto é duro, nichts ist brincadeira não,
aber ich bin ja kein burro, trouxe junto o violão.
Als ich neulich kapinierte, liesz ich offen den portão,
und dann kam eine dumme vaca und straguierte den feijão.
Ai, ai, ai, nahm ich einen susto, ai, ai, ai, tat ich dizer;
und dann nahm ich einen sarrafo und corrierte hinterher.
Doch die Mutti hat gesehen, den desastre von der Kuh,
sie chamierte mich prá essen und surrierte mich dazu,
Ai, ai, ai, mit dem chinelo, ai, ai, ai, como eu gritei.
Ai, ai, ai, fugierte ich schneller, ai, ai, ai, eu não gostei.
Dumme vaca, tu me pagas, 'spera aí ein andermal,
dann nehm' ich eine grande pedra und tu vais passar bem mal,
vinte e quatro lange horas bind' ich dir die Schnauze zu,
und du stehst du vor dem Futter und tust denken: muh, muh, muh.

Ein par floskeln sollte man auf alle fälle lernen, wenn ma nach Brasilien kommt: mit „oi" begrüszt ma sich, mit „txau" (wie ciao) verabschiedet ma sich, mit „obrigado" (/brigad(u)/) oder „valeu" (/va'leu/, nix /va'lOi/) bedankt ma sich. Fraun können auch „obrigada" sagen, müssen aber nich.

Wenn man alle wörter vergisst, kann man immer mit dem daumen nach oben zeigen, das ersetzt jeden grusz und jede bedankung, und heisst auch „gut". „Bom" (wie francês „bon") is das wort für „gut", „mau" heisst schlecht, mau.

Der wichtigste satz is natürlich „Onde é o banheiro?" (/ondZ Eu ba'ñeru/) oder „Onde é a toalete?" (/ondZ E a tua'lEtS(i)/), also „Wo is die toilette?". Ma kann noch „por favor" (/pur fa'vor/ oder /pfa'vor/), also „bitte" hinzufügen, wenn die zeit dafür reicht.

ein gaúcho in der pampa

Rio Grande do Sul

Die gaúchos, also die einwohner von Rio Grande do Sul (/hiugrantsuw/), sind etwas eigenartige menschen, und man macht viele witze über ihre übertriebene männlichkeit, dabei ziehen sie am abend ihre höschen an, gehen aus und versuchen ihr glück. Mit Minas Gerais is Rio Grande do Sul der record-präsidentenmacher, mit jeweils 6 präsidenten. Allerdings waren die meisten gaúchos militärs. Der einzige richtige diktator des landes, Getúlio Vargas, war aus dem staat, er war aber bei vielen beliebt.

In Porto Alegre angekommen, treff ich mich mit meinem dienstältesten freund, der aus São Paulo kommt und hier gerade einen freund besucht. Jac hiesz schon Jacarezinho (alligatörchen), Jacaré (alligator), Miele, Carlef, Bruno. Ich kannte ihn als Jacaré, aber mit der zeit is nur noch die hälfte übrig geblieben. Auf den ersten blick is er sehr normal, sogar der inbegriff der normalität, aber dann doch nich. Er erinnert etwas an Dustin Hoffman, vom körperlichen wie auch vom geistigen her, mit seiner beharrlichkeit. Seine eltern kamen aus Minas, der papo war sein lebtag kellner, mama hausfrau. In der schule lernten wir uns kennen, wir waren mitbegründer der klicke „Die könige der klippe". Wir machten freeclimbing – in einem bescheideneren rahmen – und bekämpften andere klicken. Und wir diskutierten, ob wir existieren oder vielleicht nur der albtraum eines giganten sind und über andere metafysische fragen von groszer relevanz.

Eine zeit lang wurde er als zehner schlafkünstler. Er erklärte, erst schläft man normal, dann kommt die zeit, in der man den drang hat, aufzustehen, und genau da muss man ansetzen und weiter im bett bleiben. Nach dem zweiten oder dritten tag kommt man zu einem bereich, in dem man weder richtig schläft, noch richtig wach is, und man kommt in andere welten, tagelang.

Er studierte ingenieurwesen, arbeitete unter anderem beim Petrobrás-Konzern, konnte sich mit der materie aber nie richtig anfreunden, so studierte er noch mal, diesmal jura. Da ging es ihm besser. Inzwischen beschwerte sich sein pap über eine taubheit am rechten bein. Er ging ins krankenhaus, die ärzte meinten, das is ein nierenproblem, es reflektiert nur in den beinen. Man operierte ihn, er fing an, grünes zeug zu kotzen, man operierte ihn wiederholt und da war er dann tot. Wär er nich hingegangen, wär er vielleicht noch am leben, mit einem tauben bein. Und das beerdigunsinstitut, die sich darum kümmerte, hat Jac so sauber reingelegt, das der tod des papo fast mehr kostete als sein ganzes leben.

Er heiratete relativ spät, hatte mit Beatriz 3 kinder. Was beide einigte, war die schottische sparsamkeit. Als ich ihn nach meiner 13-jährigen welt-trampreise wieder besuchte, verdiente er 800 dollar im monat. Das is nich viel, aber er hatte damit ein haus gekauft, wo die eltern, Beatriz, er und die kinder wohnten, hatte ein neues auto in der garage und war schuldenfrei. Natürlich fehlt es der familie an nix, aber ausgehen tun sie nich oft: als ich ihn zwei jahre später besuchte, erzählte er mir, das der letzte mensch, mit dem er was trinken gegangen war, ich war. Und wenn ich 5 jahre nich vorbei schau, geht er 5 jahre nich aus.

Auch er hatte gesundheitliche probleme, zum beispiel mit der schulter. Die schmerzen gingen und gingen nich weg, bis er ein arzt aufsuchte. Der war der meinung, am besten operieren und eine schraube einbauen. Er war sehr vorsichtig und ging zu einem zweiten arzt, der ihm sagte, man kann operieren – oder auch nich. Er ging zu einem dritten, der ihm dasselbe erzählte und ihm einen tipp gab: er kennt einen guten japanischen massör, der könnte das vielleicht einrenken. Dort ging er hin, der japaner fragte gar nich, was er hat: er packte Jac von hinten an den armen und presste sein knie gegen Jacs rücken. Jac konnte nich mehr atmen und dachte, er stirbt gleich. Der japaner liesz dann los, Jac war noch am leben. Seitdem sind seine schmerzen viel schlimmer geworden.

Irgendwann wurde er gerichtsvollzieher, was ihm widerum gar nich gefiel: oft mussten favela-hütten abgerissen werden. Heutzutage is er statsanwalt für die krankenkasse – im normalfall eine schreibtischtätigkeit, die selten mit gerichten zu tun hat. Er verdient so um die 8.000 euro netto im monat. Seine lieblingssportarten sind fernseen und schlafen. Er hasst samba. Dafür liebt er den rock der 70er – Pink Floyd, Genesis, King Crimson, Led Zeppelin, etc.

Es wär eine perfekte familie, alle verstehen sich – ausser früher mit dem ältesten sohn, der ein sehr launisches genie is: er hat mal zum spass sogar deutsch gelernt und spricht es fast akzentfrei. Es wär eine perfekte familie, wenn seine frau Beatriz nich bei einer tour durch Canada ein schlaganfall bekommen hätte – mit 39, ein relativ junges alter für ein schlaganfall. Sie war mehrere wochen in einem privaten krankenhaus, während er versuchte, sie nach Brasilien zu transferieren. Dazu brauchte er aber die zusicherung seiner brasilianischen versicherung, dass sie für die abholung am flughafen zum krankenhaus sorgt, und die versicherung verschob es, so lange sie konnte. Eine angestellte sagte sogar, „Wozu das ganze theater, das kostet eine menge geld und sie wird es eh nich überleben". Er drohte, die versicherung zu verklagen, und am ende klappte doch noch alles. Beatriz machte reha, erholte sich teilweise, sie kann sprechen, gehen, nur den Everest kann sie nich mehr besteigen. Die ganze krankenhaus-aktion kostete ihn 40.000 dollar. Die familie kann die behinderung von Beatriz gut auffangen, weil sie sich als team sieht und zusammenhält.

In Porto Alegre bin ich geboren. Ich spazier vom hostel zur strasze, wo ich die ersten 6 jahre meines lebens verbracht hab. Man kommt an straszen vorbei wie der Avenida Goethe, der Rua Romano Reif, der Rua Comendador Rheingantz. Die aleen haben viele bäume, man geht durch wahre baumtunnels, es wird mir warm ums herz, erinnerungen an die frühe kindheit werden wach. Vor kurzem wollte die stadtverwaltung 5 bäume fällen, die bevölkerung machte demos, kletterte auf die bäume, und am ende musste die stadt aufgeben. Hier is auch die stadt, wo das Weltsozialforum entstanden is, wo es am meisten abgehalten wird, und es war die erste stadt, in der die bevölkerung sich an den entscheidungen über das budget der stadt beteiligen kann.

Dort, wo mein haus stand, steht jetz ein kleines hochhaus, es is trotzdem alles sehr gepflegt und heimelig. In der nähe is noch das Centro 25 de Julho, ein verein, der nach dem 2. Weltkrieg gegründet wurde, um den deutschen aus ihrer misere zu helfen – es wurden mehrere schiffsladungen mit kleidung und lebensmitteln nach Deutschland geschickt. Ein bisschen entwicklungshilfe an die deutschen muss schon sein.

Alles sehr schön hier, ich muss aber weiter nach süden. Der bundesstaat is in zwei hälften geteilt, der bergige norden is relativ dicht besiedelt von deutschen, italienern und anderen europäern, der dünnbesiedelte süden besteht aus der pampa, tendenziell sind die leute das, was die argentinier „criollos" nennen, alteingesessene bevölkerung mit spanischen, portugiesischen und oft auch indianischen elementen – im brasilianischen geht „crioulo" nich so, es is ein slangwort für „neger". Irgendwann nimmt mich der Nilton Jahn mit, ein LKW-fahrer. Papo deutscher, mam italienerin. Er wusste gar nich von Friedrich Jahn und seinem Wienerwald. Er fährt mich bis nach Pelotas, das is die schwulenhauptstadt Brasiliens, man macht wenigstens viele witze über ihre einwohner. Tagsüber merkt man nix, aber am abend sieht man eine menge hüftewackelnde männer, die händchenhaltend durch die gegend ziehen. Wobei ich das einer pelotense erzählt hab und sie entsetzt war – Pelotas is doch eine stinknormale stadt! Ich übernacht an der landstrasze in einem vorort von Pelotas, am näxten morgen muss ich, um aus der stadt rauszukommen, eine landstrasze entlang gehen, die gerade zu einer autobahn umgebaut wird. Viel staub, viel lärm. Und die baustelle hört nich auf, 4 stunden lang, da kann nich mal jemand stehen bleiben. Ich komm an einer tankstelle vorbei, bleib vor ihr stehen und dann heisst es lange warten. Was mich ärgert sind diese ganzen evangelikalischen sprüche an den LKWs und autos, vor allem „Deus é fiel" (Gott is treu) – ja ja, Jesus annehmen, und so, aber wo bleibt die näxtenliebe? Und kaum hab ich das gedacht, kommt ein LKW in die andere richtung, bleibt stehen, der fahrer deutet mir an, ich kann einsteigen. Ich les an der windschutzscheibe, „Deus é fiel". Er fährt dann retour, er war an mir vorbeigefahren, und 10 minuten später überlegte er sich, dass er mich mitnehmen sollte – auch um mir seine botschaft rüber zu geben – Jesus rettet! Er hat auch ihn gerettet, er war auf drogen und ziemlich land unter, ich meine den fahrer. An einer tankstelle bleibt er stehen und sagt, er muss was reparieren, aber in maximal einer stunde wird er sicherlich weiterfahren, also wenn ich noch da bin ... da hält ein bus an und ich steige schnell ein – nich dass ich noch da steh, wenn er fertig wird. Der bus fährt nach Rio Grande, und dort nehm ich einen bus nach Chuí (/Su'i/) – sonst brauch ich noch zwei stunden, um hier rauszukommen, es pressiert – ich muss heute die grenze erreichen!

In Chuí frag ich nach der grenze – weiter vorn. Ich geh durch die stadt, komm zu einer groszen strasze und plötzlich wird mir bewusst, dass die straszenschilder nich brasilianisch sind. Aber teilweise sind die reklamen auf portugiesisch geschrieben! Ich versteh jetz nich, hab ich die grenze schon überqueert oder nich? Ich geh auf die andere straszenseite, auch hier manchmal auf spanisch, manchmal auf portugiesisch. Ich frag einen herrn, was los is, in welchem land bin ich denn? In Brasilien, sagt er. Ab mitte der strasze is Uruguay. Er spricht spanisch, is ein uruguayer. Manche restaurants auf der brasilianischen seite bieten uruguayischen essen an und vice-versa. Die stadt is relativ vermüllt, sowohl auf der uruguayischen wie auf der brasilianischen seite, da waren viele städte im nordosten sauberer. Ich geh in eine bar auf der uruguayischen seite, wo man noch rauchen kann, is aber die abgefackteste und versoffenste kneipe, die mir auf dieser reise überm weg gelaufen is. Ab einer bestimmten uhrzeit, 10 oder 11, machen die brasilianischen bars und restaurants zu, die uruguayischen bleiben offen. Da sieht man wieder, die brasilianer denken nur an die arbeit. Ich frag eine brasilianerin, die in Chuí (auf der uruguayischen seite Chuy) lebt, ob sie unterschiede sieht zwischen brasilianern und uruguayern, sie meint, die uruguayer sind einfacher. Ich frage den uruguayischen kellner im restaurant, der ein bisschen wie Jean Paul Belmondo aussieht, ob er unterschiede zwischen uruguayern und brasilianern sieht. „Hier? Keine!" Also was jetz?

Die definition von Uruguay is „Eine groszstadt mit ein par bauernhöfen dahinter". Wurde früher die Schweiz Südamerikas genannt. Is ein Argentinien im kleinen, wobei sie das sicher nich gerne hören würden ... Argentinien hat keinen guten ruf im kontinent, und man sagt, wenn sie selbstmord begehen wollen, springen sie vom eigenen ego. In Brasilien macht man nich nur witze über die portugiesen, sondern auch über die argentinier. Zum beispiel stehen 4 leute in einem lift, eine nonne, eine schöne, ein argentinier und ein brasilianer. Plötzlich gibt es ein blackout, das licht is aus, ma hört ein kussgeräusch und dann ein platschgeräusch. Gleich danach is wieder licht, jeder schaut sich an und jeder versucht zu verstehen, was passiert is. Die nonne denkt sich, einer von beiden hat versucht, die schöne zu küssen, und hat dafür seine gerechte strafe bekommen, eine watsche. Die schöne denkt sich, einer von beiden hat versucht, mich zu küssen, hat aber die nonne erwischt und dafür büssen müssen. Der argentinier denkt sich, scheissbrasilianer, er küsst die schöne und ich kriege die watsche! Der brasilianer denkt sich, hab ich gut gemacht, meine hand geküsst und dem argentinier eine verpasst!

Oder: ein argentinischer farmer besucht seinen kollegen in Brasilien. Der brasilianer erklärt wie grosz seine ländereien sind:

„Siehst du den berg dá oben? Der is gut hoch! Wenn du dá rauf kletterst und in jede richtung bis zum horizont schaust: alles meine ländereien!"

Der argentinier há die antwort parat:

„Du, wenn ich mit meinem jeep in da früh mein haus verlasse, bin ich am abend immer noch nich an die grenze meiner ländereien angelangt!“

„Ja“, sagt der brasilianer, „ich hatte schon so einen argentinischen jeep, die sind echt scheisse.“

Das is aba nich so, dass man sich gegenseitig hasst, man behandelt sich höflich, alles kein problem. Nur, die brasilianer machen eben witze über die argentinier und die argentinier nennen die brasilianer „los monos“, also „die affen“. Im Vatikan könnte mal a brasilianischer kardinal papst werden, wie Hummes, Scherer oder Scheid (Lorscheider oder Arns sind zu alt), es wurde stattdessen ein argentinier. Trotzdem, als er Brasil besucht hat, há man ihn weder rausgeschmissen, noch há man ihn überfallen. Tut man aba noch sicher, wenn die argentinier die WM gewinnen.

Ich fahr zurück nach Porto Alegre mit dem nachtbuss. Dá nehm ich den flug nach São Paulo, muss noch a par chosas bei Carla abholen. Ich fahr zu ihr mit dem bus, ich will an a haltestelle gleich nach dem groszen busterminal aussteigen. Normal werden nach diesem terminal die busse leer, viele passagiere steigen dá aus. Der is aba ganz und gar nich leer, und er is ein 18 meter langer bus, ich bin ganz vorn und die tür is ganz hinten. Ich verpass die haltestelle, kämpfe mich weiter richtung tür, dá kommt schon die näxte haltestelle und ich bin immer noch weit weg von da tür. Als ich sie endlich erreich, is sie schon am schlieszen. Ich versuch mit brachialer gewalt, sie wieda zu öffnen, schaff rauszukommen, aba die tür is nich zum scherzen dá, sie hält von mir fest, was noch geht: meinen fusz. Ich fall kopfüber auf den boden, mein fusz im bus, und der bus fährt los mit mir im schlepptau. Ich schrei noch lauter als am Silvesterabend, die passagiere schrein mit, und so bleibt der bus nach ein par metern stehen. Die tür geht auf und gibt mir meinen fusz zurück. Der fahrer fragt noch, ob ich verletzt bin, aber es is mir nix schlimmes passiert, ich hab nur a par schrammen an arm und schulter. Hätte aba schlimmer commen können, 5 oder 10 meter weiter käme a mauer, eine hälfte von mir wär geblieben, die andere hälfte wär mitgefahren. Bei Carla angekommen, trink ich erst mal a schnaps. Am flughafen verläuft alles normal, ich werd von keinem flugzeug mitgeschleift. Frankfurt, ich comme!

im ausland is auch schön

Einmal zeigte ich Ralf Rickli a bisschen von München. Wir kamen am Hofbräuhaus vorbei, ich sagte, das is der typischste platz von München. Wir gingen rein, er sah den sal und sagte:

„Versteh. Der typischste platz in a stadt is dort, wo's voller japaner is."

Wir saszen dá, tranken unsere masz, dann standen die jungen japaner auf, gingen allmählich zur tür, sie hatten geschlossene jacken mit a groszen bauch, der pförtner wusste schon bescheid, also reissverschluss auf, du auch, und DU AUCH! Er schimpfte wie wild und nahm ihnen die bierkrüge ab. Ich wunderte mich, dass ma solche diebische japaner trifft, die sind normalerweise so was von ehrlich! Und dann hörten wir a kleine japanerin dem pförtner mitteilen, „Eu nao falo alemao!" – ich spreche kein deutsh. Auf portugiesisch. Es waren alles brasilianer. Wir machten aus, wenn man uns fragt, antworten wir, wir sind griechen. Damals hatte ma noch nix gegen die griechen, ma fand ihre lässigkeit gesund.

Einmal fuhr ich taxi und musste schnell bei a freund was holen. Ich parkte, ging rauf, holte mein ding, der freund sagte, ich soll nich ungemütlich sein und a café trinken. Ich trank mein café und ging a halbe stunde später runter. Ich sah, wi ein auto grad abgeschleppt wurde, und dachte, „Der wird sich freun!" Bis ich sah, dass es mein auto war, mein taxi. EEEEyyyy, stopp! Naja, die abschleppaccion wurde gestoppt, aber ich musste die strafe zahlen, plus anfahrt vom abschleppwagen. Als der policist mit der bürocracia fertig war, fragte er vom auto aus:

„Sie lallen so ... haben Sie was getrunken?"
„Nein, ich bin eben brasilianer ..."
Ach so, sagten sie, und fuhren davon. Also wenn du mal lallst, kannst es mal mit der ausrede probiren, dass du brasilianer bist oder zu lange dort geleebt hast.

Einmal schlummerte ich auf meinem bauch neben der Isar, nackt wi a baby, um schön braun zu werden. Und ich hörte fraunstimmen, die sich mir näherten und sich 2 oder 3 meter neben mich hinsetzten. Sie waren brasilianerinnen und redeten sehr frei über männer, über die körperlichen vor- und nachteile von Walter, Peter, Robert, etc. Weiter unten könnte dás niveau kaum sein. Irgendwann fingen sie an, über ärsche zu reden. Eina von ihnen meinte, die brasilianischen männer haben schönere ärsche als die deutshen. Ich dachte, jetz bin ich dran! Ich drehte mich um, schaute meinen arsch an und fragte sie, „Glaubt ihr das wiiiirklich ...? Danke ...!" Sie erstarrten, flüsterten noch a par sätze und gingen.

Um nich den eindruck entsteen zu lassen, die brasilis können nur andre völker verarschen, hir noch a witz, wo die brasilis dás opfer sind. Der vorsitzende von a groszen deutshen multi ruft ein abteilungsleiter zu sich und eröffnet ihm, er wird nach Brasilien geschickt, als filialleiter. Der scheint nich ganz begeistert:
„Brasilien??? Aba dort sind 50 % da populacion fussballer und die andren 50 % nutten!"
„Was sagen Sie denn da??? Meine frau is brasilianerin!"
„Ah so ... äh, hm, äh, und in welchem club spielt sie denn momentan?"

ZÉ END